Anja Waßermann

Mit Spaß stricken lernen

20 coole Projekte für Kids ab 8 Jahren

CV

Inhalt

Strickschule

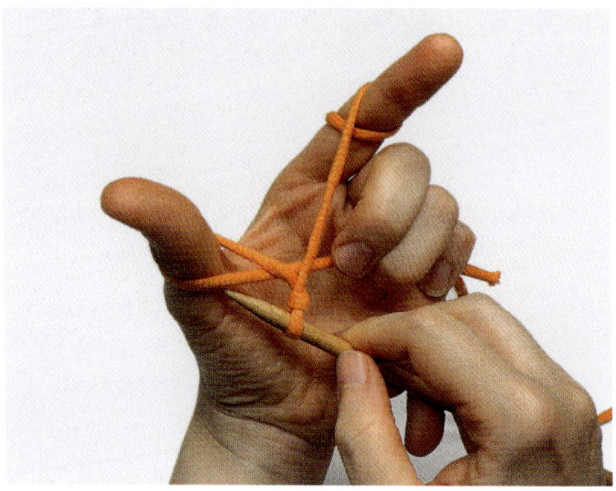

Projekte

Vorwort

Liebe Kinder!

Na, seid ihr schon neugierig, was euch erwartet? Das verstehe ich total. Ich kann euch versprechen, Langeweile kommt nicht auf! Dieses Buch zeigt euch in einer kleinen Strickschule ganz genau, wie das mit dem Stricken funktioniert, und mit 20 coolen Projekten in ansteigenden Schwierigkeitsstufen könnt ihr direkt loslegen.

Aber nur keine Sorge: Alle Projekte wurden von den Kids in meinen Strickkursen gründlichst für euch getestet und für geeignet befunden!

Zugegeben, am Anfang ist es kniffelig, Nadeln und Garn unter Kontrolle zu bekommen. Aber wenn ihr gelernt habt, wie ihr rechte und linke Maschen strickt, geht der Rest von ganz allein.

Stricken soll vor allem Spaß machen! Deswegen traut euch ruhig! Probiert mal was aus! Klappt es nicht auf meine Art, macht es einfach auf eure!

So, und nun lasst uns losstricken!

Liebe Erwachsene!

Stricken soll vor allem Spaß machen. Deswegen habe ich noch ein paar Tipps für euch: Kinder wollen keine unüberschaubaren und langweiligen Projekte. Deswegen ist es gerade bei den ersten Versuchen wichtig, kleine und einfache Modelle auszusuchen.

In meinen Strickkursen gebe ich den Kindern eine Nadel mit bereits angeschlagenen Maschen in die Hand, damit sie gleich mit dem Stricken beginnen können. Und erst wenn sie wissen, wie man Nadeln und Garn richtig hält und rechte Maschen strickt, komme ich auf den Maschenanschlag zurück. Für Kinderhände empfehle ich mitteldicke (4–6 mm) und nicht zu lange (ca. 20 cm) Holzstricknadeln. Da sie nicht so glatt sind, rutschen die Maschen seltener herunter. Einige Hersteller bieten sogar extra Kinderstricknadeln an.

Bitte nutzt keine Plastiknadeln. Sie lassen das Garn schlecht gleiten, was es den Kindern unnötig schwer macht. Für den Anfang wählt Polyacryl-, Baumwoll- oder Mischgarne. Die sind besonders strapazierfähig und leicht zu waschen. Kinder haben oft schwitzige Hände, wodurch gerade unverzwirnte Schurwolle bereits beim Stricken abgenutzt und nicht mehr schön aussieht.

Mir ist vor allem wichtig, dass die Kids Freude am Selbermachen haben. Mit eurer Hilfe, etwas Geduld und viel Kreativität gelingen so die ersten Maschen.

Strickschule

Alles, was du zum Stricken benötigst

Zum Stricken brauchst du eigentlich nur drei Dinge: Garn, Stricknadeln und deine Hände.

Garn

Garne gibt es in unterschiedlichen Varianten. Dünn und dick, weich und kratzig, bunt und einfarbig, mit und ohne Glitzer, aus Schaf- oder Alpakawolle und sogar aus Pflanzenfasern. Erlaubt ist, was dir gefällt! Bist du Strickneuling, wähle zunächst ein dickeres Garn, damit dein Projekt schnell wächst. Außerdem sollte dein Garn fest verzwirnt sein, denn durch die fest verdrehten Fasern strickt es sich leichter. Die Dicke des Garnes wird als Garnstärke bezeichnet. Jedes Knäuel hat ein Etikett, auf dem findest du unter anderem, mit welcher Nadelstärke du es stricken kannst.

Stricknadeln

Stricknadeln gibt es aus verschiedenen Materialien, wie zum Beispiel Kunststoff, Metall, Holz oder Bambus. Die Nadelstärke sagt dir etwas über die Dicke der Nadel. Für Anfänger*innen eignen sich am besten Holznadeln, sie sind nicht so rutschig, in Nadelstärke 4–6 mm. Rundstricknadeln haben zwei Nadelspitzen, die mit einem Seil verbunden sind. So kann man mit ein bisschen Übung sehr breite Strickstücke oder in Runden stricken. Wusstest du, dass es sogar extra Kinderstricknadeln gibt? Die sind meist weniger spitz und haben hinten einen festen Maschenstopper, damit du deine Maschen nicht verlierst.

Tipp zum Selbermachen
Lass dir einen Korken von einem Erwachsenen in Scheiben schneiden und eine Scheibe auf die hintere Nadelspitze stecken.

Es gibt auch einige Hilfsmittel, die ich dir hier vorstelle:

Häkelnadel

Eine Häkelnadel hat an einem Ende einen Haken, der ist perfekt dafür geeignet, verlorene Maschen aufzuhäkeln.

Wollnadeln

Eine Wollnadel brauchst du, um Strickstücke zusammenzunähen. Sie haben ein größeres Nadelöhr, in das du das Garn leichter einfädeln kannst, und eine stumpfe Spitze, damit du nicht in den Fasern hängen bleibst.

Scharfe Schere

Mit der Schere schneidest du den Faden glatt ab. So lässt er sich leichter in die Wollnadel einfädeln.

Maßband

Mit dem Maßband bestimmst du die genaue Länge deines Strickstückes.

Zettel und Stift

Diese brauchst du, um deine bereits gestrickten Reihen mitzuzählen (Strichliste).

Maschenmarkierer

Den Maschenmarkierer benutzt du, um eine bestimmte Stelle an deinem Strickstück zu markieren.

Tipp zum Selbermachen
Schneide dir einen kurzen Baumwollfaden ab. Verknote die Enden miteinander, sodass sich eine Schlaufe bildet. Fädele eine Perle auf und mache einen zweiten Knoten unterhalb der Perle.

Stecknadeln

Stecknadeln sind nützlich, damit deine Strickteile beim Annähen nicht verrutschen.

Heißkleber, Bastelkleber

Bitte nutze den Heißkleber nur unter Aufsicht eines Erwachsenen!

Füllwatte (waschbar)

Mit Füllwatte erhält dein Stricktier seine Form. Nimm immer nur eine kleine Menge Watte zum Stopfen.

Sicherheitsaugen/-nase

Sie bestehen aus einem Kunststoffteil mit Gewinde und einer passenden Kappe. Sie müssen immer vor dem Ausstopfen und Zunähen deines Stricktieres angebracht werden.

Filz, Knöpfe, Perlen, Nieten eignen sich prima zum Verzieren deines Strickstücks!

Hinweis zu den Garnen
Du wirst die angegebene Garnmenge nicht immer verbrauchen. Es gibt viele kleine Projekte im Buch, die du mit den Resten stricken kannst.

Strickanleitungen verstehen

Vielleicht denkst du beim ersten Blick in die Anleitungen, dass ich eine Art Geheimschrift verwendet habe. Die Zahlen und Abkürzungen können einen ganz schön verwirren. Aber wie das mit Geheimschriften so ist, man muss nur wissen, wie man sie liest und schon ist es ganz leicht, sie zu verstehen!

Bevor du zu stricken beginnst, ist es wichtig, dass du erst einmal die ganze Anleitung liest. Denn hier erfährst du den Schwierigkeitsgrad, welches Material du brauchst, welches Muster du strickst und wie es geht.

Hast du dich für ein Projekt entschieden und liegen alle Materialien bereit, führst du jeden Arbeitsschritt nacheinander wie beschrieben aus.

Diese Abkürzungen findest du bei den Anleitungen

li = linke / links
M = Masche(n)
R = Reihe(n)
re = rechte / rechts
zus = zusammenstricken

[...]: Die Maschenfolge in den eckigen Klammern wiederholst du so oft wie angegeben.
Beispiel: **[2 M re, 2 M re zus] bis zum Ende der Reihe** = Du strickst zuerst zwei Maschen rechts, danach zwei Maschen rechts zusammen und wiederholst diese beiden Schritte bis zum Ende der Reihe.
(= 12 M): Die Zahl in den runden Klammern gibt an, wie viele Maschen du auf deiner Stricknadel haben sollst.

Diese Liste mit den Abkürzungen steht auch auf der hinteren Umschlagklappe. Du kannst die Klappe ausklappen, so hast du sie bei jedem Projekt parat und musst nicht immer zurückblättern.

Beachte
Wenn angegeben ist: R 3–6 stricken, strickst du 4 Reihen, R 3 = 1. Reihe, Reihe 4 = 2. Reihe, R 5 = 3. Reihe, R 6 = 4. Reihe. (Bitte rechne nicht 6 minus 3, dann kommst du nämlich nur auf 3 Reihen.)

Hinweis
Auf den nächsten Seiten zeige ich dir ganz ausführlich mit Bildern und Texten, wie du das Stricken lernen kannst. Zusätzlich habe ich für dich kurze Anleitungsvideos mit den wichtigsten Grundtechniken gemacht. Diese findest du unter: www.strippenzieherin-berlin.de

Masche für Masche: Jetzt geht's los

Nadeln halten

Halte die Stricknadeln so in der Hand, als ob du mit einem Messer ein Stück Brot mit Butter bestreichen möchtest. Du bist dabei mit deinen Händen so weit oben an den Nadelspitzen wie möglich.

Maschenanschlag/ Kreuzanschlag

Jedes Strickstück beginnt mit dem Maschenanschlag. Die Kante, die dadurch entsteht, nennt man Anschlagkante.

1. Um die Länge deines Anfangsfadens zu bestimmen, wickle den Faden so oft um beide Nadeln, wie du Maschen anschlagen möchtest. (z.B. bei 10 Maschen also zehnmal). Gib ruhig noch eine kleine Reserve dazu. Halte den Faden an dieser Stelle mit dem linken Daumen und Zeigefinger fest und entferne die Nadeln. Nimm den Faden in die rechte Hand. Der Teil des Fadens, der zum Knäuel führt, hängt links, das Fadenende rechts.

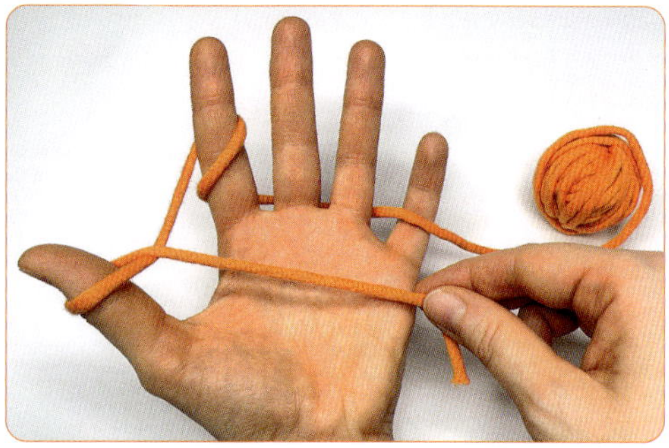

2. Drehe deine linke Hand mit der Innenfläche zu dir und spreize ein wenig die Finger. Führe den Knäuelfaden von vorn nach hinten zwischen kleinen und Ringfinger, hinter den anderen Fingern bis zum Daumen, einmal um den Zeigefinger und von innen nach außen um den Daumen. Umschließe das Fadenende mit Mittel-, Ring- und kleinem Finger. Achte darauf, dass der Faden Spannung hat.

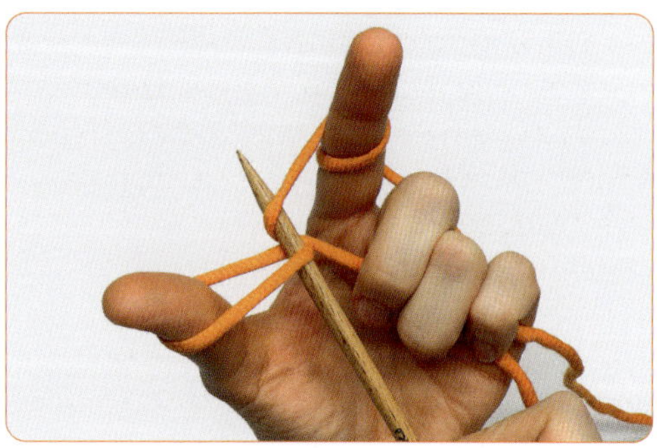

3. Nimm eine Stricknadel in die rechte Hand. Stich mit der Nadel von unten durch die Daumenschlaufe. Führe die Nadel über den Faden vom Zeigefinger. Fasse den Faden mit der Nadel.

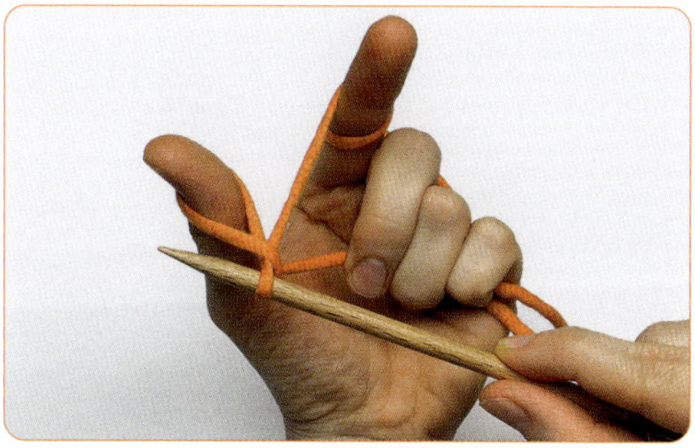

4. Hole den Faden von oben nach unten durch die Daumenschlaufe. Dadurch bildet sich eine Schlinge auf deiner rechten Nadel. Damit sie nicht gleich wieder von der Nadel rutscht, halte sie mit dem rechten Zeigefinger fest. Nimm den Daumen aus der Schlaufe, aber lass die Fäden dabei nicht los. Nimm das Fadenende von hinten mit dem Daumen auf und zieh die Masche etwas fest, aber bitte nicht zu fest, dann lassen sich die Maschen in der ersten Reihe leichter stricken. SUPER! Du hast deine erste Masche angeschlagen!

Wiederhole die Schritte 3 und 4 so lange, bis du die benötigte Maschenanzahl auf deiner Nadel hast.

Maschen stricken

Beim Stricken gibt es nur zwei Grundmaschen: die rechten und die linken Maschen. Je nachdem, wie du beide miteinander kombinierst, entstehen daraus verschiedene Muster.

Nachdem du deine letzte Masche angeschlagen hast, lass das Fadenende los. Dreh die Nadel so, dass deine Anschlagkante nach rechts zeigt. Nimm die Nadel so in die linke Hand, dass du sie zwischen Daumen und Mittel-, Ring- und kleinem Finger hältst. Der Zeigefinger ist immer gestreckt. Nimm die zweite Nadel in die rechte Hand.

Rechte Maschen

Der Knäuelfaden liegt **hinter** deiner linken Nadel.

1. Stich mit der rechten Nadelspitze von unten in die erste Masche der linken Nadel ein. Zieh die Masche etwas auf. Führe die rechte Nadel unter der linken vorbei bis über den Faden. Nimm mit der rechten Nadelspitze den Faden auf. Er legt sich wie eine Schlaufe um die Nadel.

2. Zieh diese Schlaufe nun von hinten nach vorn durch die Masche der linken Nadel. Halte den Faden dabei mit dem rechten Zeigefinger fest, dann rutscht er nicht so leicht wieder weg! Lass nun die Masche von der linken Nadel rutschen.

Wiederhole diese Schritte mit jeder Masche der linken Nadel. Um eine neue Reihe zu beginnen, tausche die Nadeln, indem du das Strickstück wendest, so dass sich die Nadel mit deinen Maschen wieder in der linken Hand befindet und starte erneut mit Schritt 1.

Linke Maschen

Die Nadeln hältst du wie bei den rechten Maschen beschrieben. Allerdings liegt der Knäuelfaden hier **vor** deiner linken Nadel.

1. Stich mit der rechten Nadelspitze hinter dem Faden von oben in die erste Masche der linken Nadel ein. Die rechte Nadel liegt jetzt über der linken. Führe den Faden mit Daumen und Zeigefinger der linken Hand von hinten nach vorn, um die rechte Nadel herum. So legt sich der Faden wie eine Schlaufe um die Nadel.

2. Zieh diese Schlaufe nun von vorn nach hinten durch die Masche der linken Nadel. Nimm die Masche von der linken Nadel. Wiederhole diese Schritte mit jeder Masche der linken Nadel.

Abketten

Jetzt hast du die ganze Zeit gestrickt und fragst dich, wie du die Maschen von der Nadel bekommst, ohne dass sich alles wieder auflöst? Dafür musst du die Maschen abketten. Die Kante, die dabei entsteht, nennt man Abkettkante.

1. Stricke zwei Maschen rechts.

2. Zieh nun mit Daumen und Zeigefinger der linken Hand die zuerst gestrickte Masche über die andere. Jetzt hast du noch eine Masche auf der rechten Nadel. Stricke erneut eine Masche, so dass wieder 2 Maschen auf der rechten Nadel liegen. Ziehe wieder die hintere über die vordere. Wiederhole diese beiden Schritte so lange, bis du alle Maschen abgekettet hast und nur noch eine Masche auf der rechten Nadel liegt.

3. Kürze den Faden auf die angegebene Länge. Zieh die letzte Masche etwas auf. Fädele das Fadenende durch diese Schlaufe, zieh fest an, bis sich die Schlaufe schließt.

Maschen ab- und zunehmen

Um deinem Strickstück eine Form zu geben, musst du Maschen ab- oder zunehmen. Während dein Strickstück beim Zusammenstricken zweier Maschen (Abnahme) schmaler wird, wird es beim Verdoppeln einer Masche (Zunahme) breiter.

Zwei Maschen rechts zusammenstricken

Stich mit der rechten Stricknadel wie zum Rechtsstricken in die ersten beiden Maschen auf der linken Nadel ein, zuerst in die untere, dann in die darüberliegende Masche.

Stricke beide Maschen zusammen rechts. Lass sie von der linken Nadel rutschen. Du hast nun aus zwei Maschen eine gemacht.

Masche verdoppeln

1. Stricke eine Masche rechts, lass sie allerdings nicht von der linken Nadel rutschen.

2. Halte die neue Masche auf der rechten Nadel mit dem Zeigefinger fest. Kipp dein Strickstück etwas nach vorn. Stich nun noch einmal in den hinteren Teil derselben Masche.

3. Führe den Faden von vorn nach hinten über die rechte Nadel.
Hole den Faden ein zweites Mal durch die Schlinge.

4. Lass beide Maschen von der linken Nadel rutschen. Du hast nun aus einer Masche zwei gemacht.

Muster stricken

Es gibt viele verschiedene Strickmuster zu entdecken. In diesem Buch stelle ich dir zwei einfache Grundmuster davon vor: kraus rechts und glatt rechts.

Kraus rechts

Wenn du in jeder Reihe alle Maschen rechts strickst, entsteht ein wellenförmiges Muster, das kraus rechts genannt wird. Es ist das einfachste Strickmuster und sieht auf beiden Seiten gleich aus.
Eine Welle besteht aus zwei Reihen.

Glatt rechts

Wenn du abwechselnd eine Reihe rechte Maschen und eine Reihe linke Maschen strickst, erhältst du das Muster glatt rechts. Dieses Muster ist auf der Vorderseite glatt und die Maschen sehen aus wie kleine „V“. Die Rückseite ähnelt dem kraus rechts Gestrickten. Achtung: Bei diesem Muster rollen sich die Ränder auf.

TIPP: Bitte stricke in der Reihe mit den linken Maschen die erste und letzte Masche immer rechts, dadurch erhältst du einen schönen gleichmäßigen Rand, den Knötchenrand.

Farb-/Fadenwechsel

Wenn du mit einer neuen Farbe stricken möchtest oder dein Knäuel aufgebraucht ist, musst du den Faden wechseln. Das machst du immer am Anfang der Reihe.

1. Mache mit dem neuen Faden einen lockeren Knoten um den alten.

2. Schiebe den Knoten nah an die letzte Masche heran.
Verknote nun noch einmal beiden Fadenenden fest miteinander. Versuche beide Fadenenden etwas länger zu lassen, dann kannst du sie später mit einer Wollnadel gut vernähen und sie sind nicht mehr zu sehen. Stricke nun deine nächste Reihe mit der neuen Farbe.

Maschen aufschlingen

Um dein Strickstück an den Seiten zu vergrößern, musst du Maschen neu anschlagen. Eine einfache Methode hierfür ist es, sie aufzuschlingen.
Das machst du immer am Ende der Reihe. Leg dafür die leere Nadel einfach zur Seite.

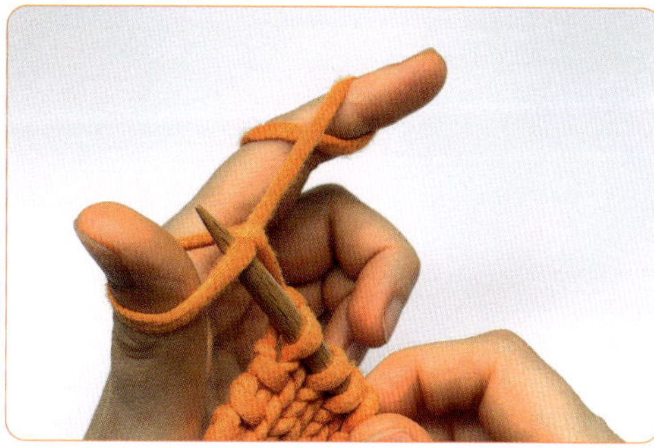

1. Halte die Nadel mit deiner Arbeit in der rechten Hand. Führe den Faden wie beim Anschlag um den Daumen. Dadurch entsteht eine Daumenschlaufe.
Stich nun von unten mit der Nadel in diese Schlaufe und hol den Faden durch die Schlaufe.

2. Nimm den Daumen heraus und zieh den Faden etwas an, bis sich die Schlinge schließt. Zieh nicht zu fest, sonst lassen sich die Maschen schwer stricken.
Wiederhole die Schritte 1-2 bis zur gewünschten Maschenanzahl.

Maschen mit der Wollnadel aufnehmen

1. Fädele das Fadenende in die Wollnadel und schieb dein Strickstück auf die gegenüberliegende Seite der Nadel. Halte die Stricknadel in der linken und die Wollnadel in der rechten Hand. Stich nun von rechts mit der Wollnadel in die erste Masche ein und nimm sie von der Stricknadel. Wiederhole diesen Schritt, bis du alle Maschen von der Stricknadel abgenommen hast.

Tipp: Sollte keine Masche mehr auf deine Wollnadel passen, schieb sie einfach bis auf den Faden.

2. Zieh den Faden fest, bis sich das Loch schließt.

Maschen der Anschlagkante mit der Wollnadel aufnehmen

1. Fädele den Anfangsfaden in die Wollnadel. Beginne auf der gegenüberliegenden Seite mit dem Aufnehmen der Maschen. Stich dazu mit der Nadel von vorn nach hinten durch die Masche.
Wiederhole diesen Schritt, bis du alle Maschen der Anschlagkante aufgenommen hast.

2. Zieh den Faden durch.

Abschluss

Faden vernähen

Bei flachen Strickstücken vernähst du die Fäden auf der Rückseite deiner Arbeit.

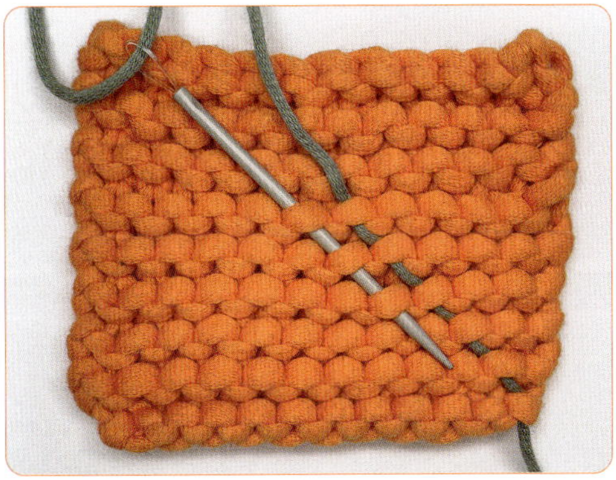

Fädele den Faden in die Wollnadel und führe den Faden ca. 4 cm schräg unter den Maschenbögen durch und noch einmal zurück. Schneide den Faden möglichst nah am Strickstück ab.

Bei Stricktieren fädele das Fadenende in die Wollnadel und stich mit der Nadel an der Stelle ein, an dem dein Faden aus deiner Arbeit kommt, und führe sie an einer beliebigen anderen Stelle wieder heraus. Zieh vorsichtig den Faden durch.
Bitte nicht zu fest ziehen, sonst entstehen unschöne Dellen. Das wiederholst du etwa viermal, dann schneidest du den Faden möglichst nah am Strickstück ab.

Zusammennähen

Zum Zusammennähen deiner Stricktiere kannst du Anfangs- oder Endfaden benutzen. Zur besseren Übersicht habe ich in den Abbildungen ein andersfarbiges Garn gewählt. Du nähst immer auf der Vorderseite deiner Arbeit.

Seitenränder zusammennähen kraus rechts

1. Fädele den Faden in die Wollnadel und klappe deine Arbeit so um, dass die Seitenränder aneinander liegen. Beginne damit, dass du die Wollnadel zuerst auf einer Seite durch die Masche am unteren Rand führst. Stich nun die Wollnadel unter dem äußersten Maschenbogen auf der gegenüberliegenden Seite von unten nach oben ein. Jetzt wiederholst du diesen Schritt auf der anderen Seite.

2. Arbeite dich etwa 2-3 cm im Zick-Zack immer von links nach rechts. Zieh den Faden an und wiederhole die Schritte, bis die Seitennaht geschlossen ist.

Seitenränder zusammennähen glatt rechts (Matratzenstich)

1. Fädele den Faden in die Wollnadel und klappe deine Arbeit so um, dass die Seitenränder aneinanderliegen. Ziehe nun dein Strickstück etwas auf, damit du die Querfäden zwischen der ersten und zweiten Masche besser sehen kannst.

Beginne auf einer Seite am unteren Rand und führe die Wollnadel unter zwei Querfäden von unten nach oben durch. Jetzt wiederholst du diesen Schritt mit zwei Querfäden genau auf der gegenüberliegenden Seite.

2. Arbeite dich etwa 2-3 cm im Zick-Zack immer von einer Seite zur anderen. Zieh den Faden an und wiederhole die Schritte, bis die Seitennaht geschlossen ist.

Abkett-/Anschlagkante zusammennähen

1. Fädele den Faden in die Wollnadel und klapp dein Strickstück so um, dass die Kanten aufeinander liegen. Stich mit der Nadel von vorn nach hinten durch die beiden äußersten Maschen am oberen Rand. Zieh den Faden fest.

2. Stich nun mit der Nadel von hinten nach vorn durch die beiden links danebenliegenden Maschen. Zieh den Faden fest und wiederhole die Schritte bis zum Ende der Kanten.

Einzelteile annähen

Manchmal ist es notwendig, Einzelteile an dein Stricktier zu nähen, z.B. die Arme. Stecke einen Arm zuerst mit Sicherheitsnadeln am Körper fest, damit er nicht verrutscht.

1. Nimm mit der Wollnadel eine Masche des Körpers auf.

2. Dann nimmst du eine Masche des Armes auf.
Wiederhole die Schritte 1 und 2 rund um den gesamten Arm.

Vorstich

Manche Einzelteile müssen mit dem sogenannten Vorstich angenäht werden.
Stich mit der Wollnadel von unten durch das Strickstück und stich dann etwas weiter links wieder von oben nach unten ein. Ziehe den Faden vorsichtig fest.
Nun erneut von unten etwas weiter links einstechen. Versuche, die Stiche in gleichmäßigen Abständen zu nähen.

Sicherheitsaugen anbringen

Sicherheitsaugen bestehen aus dem Auge (Halbkugel mit Gewinde) und einer passenden Kappe. Sie müssen immer vor dem Ausstopfen und Zunähen deines Stricktieres angebracht werden.

1. Stecke das Auge von außen durch dein Strickstück.

2. Setze von innen die Kappe an. Die Wölbung zeigt zum Strickstück. Drücke die Kappe fest.

Gesicht aufsticken

z.B. Augenbrauen

1. Kürze den Faden auf die angegebene Länge. Fädele ihn in die Wollnadel und stich mit der Nadel von hinten in deine Arbeit ein und komm vorn an der Stelle heraus, wo die erste Augenbraue beginnen soll.

2. Straffe den Faden. Lass dabei hinten noch etwas vom Fadenende herausschauen. Das vernähst du später.
Stich mit der Nadel dort ein, wo die erste Augenbraue enden soll, und komm an der Stelle wieder aus deiner Arbeit heraus, an der die zweite Augenbraue beginnen soll. Führe die Nadel von vorn nach hinten an der Stelle durch deine Arbeit, wo diese Augenbraue enden soll. Den Faden nun vorsichtig festziehen und Fäden vernähen.

Fransen

Schneide Fäden in der angegeben Länge und Menge zurecht und leg jeweils die Fadenenden aufeinander. So bildet sich eine Schlaufe.

1. Stich mit der Häkelnadel an der gewünschten Stelle von hinten durch dein Strickstück. Fasse die Schlaufe mit dem Haken der Nadel.

2. Ziehe die Schlaufe durch deine Arbeit. Halte dabei etwas Spannung auf dem Faden.

3. Stecke die Fadenenden durch die Schlaufe und ziehe diese fest.

Da stimmt was nicht! Fehler ausbessern

Selbst der/dem erfahrensten Stricker*in passieren hin und wieder Fehler. Aber keine Panik: erstmal dein Strickstück ablegen und durchatmen.

Zurückstricken

Wenn du in der Reihe, die du gerade strickst, einen Fehler bemerkst, kannst du einfach ein paar Maschen zurückstricken.

1. Zieh dein Strickstück leicht nach unten, um die Masche unter der soeben gestrickten besser zu erkennen. Stich mit der linken Nadel von vorn nach hinten in die Masche ein.
2. Zieh die rechte Nadel heraus.
Deine Masche liegt jetzt wieder auf der linken Nadel. Führe den Faden hinter die linke Nadel und wiederhole beide Schritte bis zu deinem Fehler.

Auftrennen

Wenn du ein paar Reihen tiefer einen Fehler entdeckst, kannst du dein Strickstück bis dorthin wieder auftrennen.

1. Halte dein Strickstück mit der linken Hand fest und zieh mit der anderen die Stricknadel aus den Maschen.
Ziehe vorsichtig an dem Faden, und eine Masche nach der anderen löst sich auf. Das machst du, bis du bei deinem Fehler angelangt bist.

2. Nimm nun jede Masche wieder mit der leeren Nadel auf. Halte dafür dein Strickstück in der rechten Hand, die Nadel in der linken. Stich von vorn nach hinten in die Masche.

Verlorene Masche

Ist dir eine Masche von der Stricknadel gerutscht, kannst du diese mit der Häkelnadel wieder aufhäkeln. Benutze dafür eine kleinere Häkelnadel.
Stricke erstmal bis zur gefallenen Masche zurück. Halte dein Strickstück in der linken Hand, die Häkelnadel in der rechten.

Glatt rechts

Halte dein Strickstück so, dass die Vorderseite zu dir schaut.

Stich mit der Häkelnadel von vorn in die verlorene Masche ein. Führe die Nadel unter dem Querfaden durch. Ziehe den Querfaden durch die Masche. Das wiederholst du nun Querfaden für Querfaden, bis du ganz oben angekommen bist. Hebe die Masche auf die linke Nadel.

Kraus rechts

Hier musst du die Querfäden abwechselnd einmal von vorn und einmal von hinten mit der Häkelnadel durch die Masche ziehen.

Liegt der Querfaden vor deiner Arbeit, stichst du von hinten mit der Häkelnadel in die Masche und ziehst den Querfaden durch.

Das wiederholst du nun Querfaden für Querfaden, bis du ganz oben angekommen bist. Hebe die Masche zum Schluss auf die linke Nadel.

Projekte

Buchmonster

Maße: 10,5 cm x 4,5 cm | Schwierigkeitsgrad: leicht

Mit den lustigen Monstern Ernesto (lila), Francesco (orange) und Rokko (gelb) macht Lesen gleich dreimal so viel Spaß. Aber warte nur ab, bis es dunkel wird, dann beginnen ihre Augen zu leuchten!

Du brauchst:

- je 50 g Schachenmayr Catania Grande Fb.03208 Flieder, Fb.03230 Mandarine, Fb.03211 Vanille (100% Baumwolle, LL 50 g/63 m)
- 1 Paar Stricknadeln 4 mm
- Häkelnadel 3,5 mm
- Wackelaugen „Glow in the Dark", 1x Ø 10 mm, 2x Ø 12 mm, 1x Ø 15 mm, 1x Ø 20 mm
- je 2 Holzperlen in Dunkelblau, Rot, Hellblau, Ø 8 mm
- 6 Magnete, Ø 10 mm, Stärke 1 mm
- Garnreste in Schwarz, verschiedene Farben für die Haare
- Filz in Hellblau, Dunkelblau, Grün, Weiß, Schwarz, Orange
- Heißklebepistole
- Vorlagen 1, 2, 3, s. Innenumschlag

Muster: Kraus re

So wird's gemacht:

Schlage 20 M mit Stricknadel 4 mm in der gewünschten Farbe an. Lass den Anfangsfaden etwas länger. Stricke 15 R re M. Kette alle M ab.

Kürze den Faden auf 20 cm. Fädele mit Hilfe einer schmalen Wollnadel die gewünschte Perle auf und verknote das Fadenende unterhalb der Perle.

Wiederhole diese Schritte mit dem Anfangsfaden.

Nun gestaltest du die Gesichter der Monster. Du überträgst die Vorlagen auf Filz, schneidest sie aus und klebst sie mit Bastelkleber auf.
Achte beim Aufkleben der Nase darauf, dass du nur die obere Kante auf deiner Arbeit befestigst. Klebe die Magneten so auf Strickstück und Nase, dass sie genau übereinanderliegen. Benutze für beides den Heißkleber.

Sticke Mund und Augenbrauen jeweils mit einem 15 cm langen schwarzen Garnrest auf.

Beachte folgende Ergänzungen:

Ernesto

- Augen Ø 12 mm
- Vorlage 1, s. Innenumschlag

Schneide für die Haare vier 8 cm lange Fäden aus Wollresten. Befestige jeweils zwei Fäden, wie auf Seite 24 beschrieben, in den oberen Ecken.

Francesco

- Augen Ø 10 mm, Ø 15 mm
- Vorlage 2, s. Innenumschlag

Um die Ohren abzubinden, fädele einen farblich passenden Faden schräg durch die Maschenbögen der oberen beiden Ecken. Ziehe den Faden fest und verknote die Fadenenden doppelt auf der Rückseite und kürze sie.

Rokko

- Auge Ø 20 mm
- Vorlage 3, s. Innenumschlag

Schneide für die Haare sechs 8 cm lange Fäden aus Wollresten. Lege diese aneinander. Knote einen vanillefarbenen Fadenrest mittig um das Haarbündel. Führe die beiden Fadenenden nacheinander mit Hilfe der Wollnadel von vorn nach hinten durch dein Strickstück. Verknote sie doppelt miteinander und kürze die Enden.

Schlüsselband

Maße: 14 cm x 2 cm | Schwierigkeitsgrad: leicht

Schlüssel gesucht? Mit diesen bunten Schlüsselanhängern findest du sie bestimmt ganz schnell wieder! Die Anhänger sind auch das perfekte Geschenk für Freund*innen und Familie.

Du brauchst:

- 50 g Lana Grossa The Tube Fine, Fb.112 Petrol oder eine Farbe deiner Wahl (68 % Baumwolle, 32 % Polyamid, LL 100 g/140 m)
- 1 Paar Stricknadeln 5 mm
- Schlüsselring Karabiner, 2 cm x 4 cm

Muster: Kraus re

So wird's gemacht:

Schlage 40 M mit Stricknadel 5 mm an. Stricke 4 R re M. Kette alle M ab. Kürze den Faden auf 30 cm.

Fädele das Ende in die Wollnadel.
Klappe die kurzen Seiten aufeinander und nähe sie zusammen.
Verknote die Fäden miteinander.

Mit einem der Fäden nähst du nun den Schlüsselring an dein Strickstück.
Führe zuerst den Faden von hinten nach vorn durch den Ring.

Stich auf gleicher Höhe mit der Nadel von rechts nach links durch den Maschenbogen am oberen Rand deiner Arbeit.
Zieh den Faden fest.
Wiederhole diese beiden Schritte, bis du anderen Ende deiner Arbeit angelangt bist.

Führe die Fäden nach innen und vernähe sie. Führe den Faden unterhalb des Ringes durch die Maschenbögen und wickel ein Fadenende 2,5 cm um dein Schlüsselband. Achte darauf, dass du das andere Ende dabei mit einwickelst.

Schneide einen 80 cm langen Faden in der gleichen Farbe ab und fädele das Ende in die Wollnadel.

Verknote die Fadenenden auf der Rückseite doppelt miteinander. Verstecke den Knoten unter dem gewickelten Teil.

Anstecker

Maße: Ø 5 cm | Schwierigkeitsgrad: A und B: leicht / C und D: mittel

Pimp deine Tasche! Mit den bunten Ansteckern kannst du deine Tasche wunderbar aufpeppen. Ganz nebenbei sind sie ein super Projekt, um verschiedene Muster auszuprobieren.

Du brauchst:

- je 50 g Schachenmayr Catania Grande (100% Baumwolle, LL 50 g/63 m)
- Variante A: Fb.03230 Mandarine
- Variante B: Fb.03209 Reseda, Fb.03164 Jeans
- Variante C: Fb.03205 Apfel
- Variante D: Fb.03385 Mint, Fb.03208 Flieder
- 1 Paar Stricknadeln 4 mm
- transparente Acryl-Buttons mit Anstecknadel, Ø 4,3 cm
- Knöpfe und Nieten nach Wunsch

Muster: Kraus re, Glatt re

So wird's gemacht:

Schlage 11 M mit Stricknadel 4 mm in der gewünschten Farbe an. Stricke im jeweiligen Muster, bis deine Arbeit genauso lang wie breit ist.

Variante A: Stricke alle M re.
Variante B: Stricke abwechselnd [2 R re M in der Farbe Jeans, 2 R in der Farbe Reseda].
Variante C: Stricke abwechselnd [1 R li M, 1 R re M]. Ende mit einer R li M.
Variante D: Stricke 7 R re M in der Farbe Flieder.
Wechsle zur Farbe Mint. Stricke 1 R re M. Stricke abwechselnd [1 R re M, 1 R li M]. Ende mit einer R li M.
Kette alle M ab.

Kürze den Faden auf 30 cm. Fädele das Ende in die Wollnadel. Nimm am Rand rund um deine Arbeit in gleichmäßigen

Abständen Maschenbögen auf.
Leg den Button ein. Zieh vorsichtig am Faden, damit sich deine Arbeit um den

Button schließt.
Führe den Faden weiter bis zum Anfangsfaden. Verknote die Fäden doppelt miteinander und kürze sie.

Nun kannst du deinen Anstecker z.B. mit Knöpfen oder Strass verzieren.

Kakerlake Hildegard

Maße: ca. 7,5 cm x 5,5 cm | Schwierigkeitsgrad: leicht

Kakerlaken sind eklig? Überhaupt nicht! Gestrickt aus Wolle sind sie sogar richtig niedlich. Aber aufgepasst: Kakerlake Hildegard ist wuselig und schnell. Achte gut auf sie!

Du brauchst:

- je 100 g Schachenmayr Bravo Quick & Easy, Fb.08267 Sisal meliert, Fb.08387 Zimt (100% Polyacryl, LL 100 g/165 m)
- 1 Paar Stricknadeln 5 mm
- 2 Kunststoff-Sicherheitsaugen, Ø 10 mm
- Filz in Weiß
- Füllwatte
- 2-Cent-Stück
- Garnrest in Schwarz

Muster: Kraus re

So wird's gemacht:

Körper

Schlage 16 M mit Stricknadel 5 mm in der Farbe Sisal meliert an. Stricke 18 R re M. Kürze den Faden auf 40 cm und fädle das Ende in die Wollnadel. Nimm nacheinander die M von der Stricknadel.

Zieh den Faden fest an, bis sich das Loch schließt.

Nähe mit dem gleichen Faden die Seitenränder zusammen. Verknote beide Fäden doppelt miteinander. Stecke den Anfangsfaden in deine Arbeit.

Nimm die M der Anschlagkante mit dem anderen Faden auf. Zieh noch nicht zusammen.

Zeichne mit Hilfe des 2-Cent-Stückes zwei Kreise auf weißen Filz und schneide sie aus. Kennzeichne die Stelle, wo die Augen hin sollen. Stich vorsichtig mit der Schere zwei Löcher in den Filz. Stecke die Augen durch. Bringe sie am Kopf an. Stopfe die Kakerlake mit Füllwatte aus und schließe das Loch, indem du an dem Faden ziehst. Vernähe den Faden. Sticke den Mund mit einem 15 cm langem schwarzen Garnrest auf.

Flügel

Stricke 2 Stück.
Schlage 6 M mit Stricknadel 5 mm in der Farbe Zimt an. Stricke 10 R re M.
Kürze den Faden auf 15 cm. Fädle das Ende in die Wollnadel und nimm nacheinander die M von der Stricknadel.
Zieh den Faden fest und vernähe ihn.

Nimm nun mit dem Anfangsfaden die Querfäden entlang der Anschlagkante auf. Ziehe den Faden fest.

Nähe den Flügel mittig hinten an den Körper. Vernähe den Faden.

Arme/Fühler

Schneide 5 schwarze Fäden mit 15 cm Länge.
Nimm einen Faden und fädele ihn in die Wollnadel.

Stich seitlich an der Stelle in den Körper der Kakerlake, wo der erste Arm hin soll. Führe die Nadel auf der gegenüberliegenden Seite wieder heraus. So entsteht der zweite Arm. Kürze die Fäden auf die gewünschte Länge und mache an beiden Enden einen Knoten.

Wiederhole diese Schritte für die anderen Arme und die Fühler.

Katze Samantha

Maße: 9 cm x 6 cm | Schwierigkeitsgrad: leicht

Die kleine Tigerkatze Samantha sitzt gerne auf deinem Schreibtisch in der Sonne und schaut dir beim Lernen zu. Und wenn du genau hinhörst, schnurrt sie auch beim Kraulen.

Du brauchst:

- je 100 g Schachenmayr Bravo Quick&Easy, Fb.08267 Sisal meliert, Fb.08387 Zimt (100 % Polyacryl, LL 100 g/165 m)
- 1 Paar Stricknadeln 5 mm
- 2 Kunststoff- Sicherheitsaugen, ø 6 mm
- Füllwatte
- Garnrest in Rosa

Muster: Kraus re

So wird's gemacht:

Die Katze wird von unten nach oben gestrickt. Schlage 18 M mit Stricknadel 5 mm in Zimt an. Stricke 2 R re M.

Wechsle zu Farbe Sisal meliert. Schneide den zimtfarbenen Faden bitte nicht ab, sondern lass ihn einfach hängen.

Stricke 2 R re M.

Wechsle zu Farbe Zimt. Nimm dafür den vorherigen Faden wieder auf und lass den anderen hängen. Stricke 2 R re M.
Stricke noch jeweils 2 R re M in der Farbe Sisal meliert und Zimt.
Wechsele zu Farbe Sisal meliert und stricke 10 R re M.
Kette alle M ab und kürze den Faden auf 20 cm. Vernähe innen die beiden Fadenenden der Farbwechsel.

Fädele den Anfangsfaden in die Wollnadel und nimm die M der Anschlagkante auf. Zieh den Faden fest an, bis sich das Loch schließt. Nähe mit dem gleichen Faden die Seitenränder zusammen.
Verknote beide Fäden doppelt miteinander. Stopfe den unteren Teil mit Füllwatte aus.

Um den Hals zu formen, fädele einen 30 cm langen sisalfarbenen Faden in gleichmäßigen Abständen durch die M um den Kopf herum. Beginne hinten an der Naht.

Ziehe die Enden etwas an, verknote sie doppelt und fädele sie nach innen.
Stopfe den Körper weiter mit Füllwatte aus.

Nähe mit einem sisalfarbenen Faden von der Mitte nach außen die erste Hälfte der Anschlagkante zusammen.

Sticke die Nase mit einem 15 cm langen rosafarbenen Garnrest auf.

Führe dafür den Faden innen zu der Stelle, an der das Ohr beginnen soll. Jetzt nähst du mit diesem Faden die Ohren ab. Führe dafür den Faden innen nach unten zu der Stelle, an der die Ohren beginnen sollen.

Nähe schräg im Vorstich bis zur Abkettkante zurück. Stopfe den Kopf aus und bringe die Augen an.

Nähe mit einem 20 cm langen sisalfarbenen Faden den Rest der Abkettkante zusammen und arbeite das zweite Ohr genauso wie das erste.

In meiner Abbildung habe ich ein andersfarbiges Garn verwendet, damit du die Ohren besser erkennen kannst.

Vernähe alle Fäden.

Schwanz

Schlage 14 M mit Stricknadel 5 mm in der Farbe Sisal meliert an.

Kette alle M ab.

Nähe den Schwanz im Vorstich an den Körper.

Vernähe die Fäden.

Taschenfreund

Maße: ca. 9 cm x 8 cm | Schwierigkeitsgrad: leicht

Löwe Lennard ist extra klein, damit er in jede Tasche passt und du ihn überall mit hinnehmen kannst. Wenn du dich unsicher oder ängstlich fühlst, steck einfach deine Hand in die Tasche.

Du brauchst:

- je 50 g Schulana Sumerino, Fb.093 Senf, Fb.108 Kastanie (100% Schurwolle, LL 50 g/85 m)
- 1 Paar Stricknadeln 4,5 mm
- Häkelnadel 3,5 mm
- 2 Kunststoff-Sicherheitsaugen, Ø 6 mm
- Filz in Beige, Braun
- 2 Holzperlen in Orange, Ø 8 mm
- Füllwatte
- Textilmarker in Schwarz (Edding 4600)
- Kamm
- Vorlage 4, s. Innenumschlag

Muster: Kraus re

So wird's gemacht:

Schlage 17 M mit Stricknadel 4,5 mm in der Farbe Senf an. Stricke 20 R re M.
Kette alle M ab. Kürze den Faden auf 40 cm und fädele das Ende in die Wollnadel. Schlage dein Strickstück zur Hälfte um, so dass die Seitennähte aufeinanderliegen. Die Vorderseite schaut zu dir.
Nähe die Seitennähte zusammen.

Stecke den Anfangsfaden nach innen. Nähe nun die Anschlagkante aneinander.

Entferne die Wollnadel. Lass den Faden hängen. Stopfe den Löwen mit Füllwatte aus. Befestige dabei gleichzeitig die Augen. Schneide einen 25 cm langen Faden in Senf zurecht, fädele ein Ende in die Wollnadel. Stich mit der Nadel in die rechte obere Ecke. Ziehe vorsichtig am Faden, so dass noch ein Stück vom Fadenende hängen bleibt. Nähe die Abkettkanten aneinander. Vernähe alle Fäden.

Übertrage die Vorlagen auf Filz, schneide sie aus und klebe sie mit Bastelkleber auf, wie auf der Abbildung zu sehen. Male dafür zuerst mit dem schwarzen Textilmarker Nase und Mund auf.

Schneide 18 Fäden in 10 cm Länge in der Farbe Kastanie für die Mähne. Befestige diese wie auf Seite 24 beschrieben in gleichmäßigen Abständen um den Kopf. Kämme die Mähne aus.

Schneide einen 15 cm langen Faden in Senf ab. Fädele ein Ende in die Wollnadel. Stich nun etwa mittig von rechts nach links quer durch dein Strickstück hindurch. Ziehe etwas am Faden, bis beide Fadenenden gleich lang sind. Fädele die Perle auf und schiebe sie bis zur gewünschten Länge des Armes. Verknote das Fadenende unterhalb der Perle. Wiederhole diese Schritte mit dem anderen Fadenende.

Geburtstagskarten

Maße: 15 cm x 15 cm | Schwierigkeitsgrad: mittel

Du brauchst ein tolles Mitbringsel für die nächste Party? Über diese Karten freut sich ganz sicher jedes Geburtstagskind.

Du brauchst:

- 50 g Schachenmayr Catania Grande (100% Baumwolle, LL 50 g/63 m)
- Karte „Torte": Fb.03252 Kamelie, Fb.03213 Dahlie, Fb.03105 Natur, Fb.03249 Gold
- Karte „Kleeblatt": Fb.03392 Oliv
- 1 Paar Stricknadeln 4 mm
- Klappkarte quadratisch 150x 300 mm, 220 g/m²
- Bastelkleber

Muster: Kraus re

So wird's gemacht:

Torte

Schlage 10 M mit Stricknadel 4 mm in der Farbe Kamelie an.
R 1–2: Alle M re.
Wechsle zu Farbe Dahlie.
R 3–8: Alle M re.
Kette alle M ab.

Kerze

Schlage 5 M mit Stricknadel 4 mm in der Farbe Natur an. Kette alle M ab.

Flamme

Schlage 3 M mit Stricknadel 4 mm in der Farbe Gold an. Kette alle M ab. Kürze den Faden auf 15 cm. Fädele das Ende in die Wollnadel.
Um die Flamme zu formen, stich in das Knötchen auf der gegenüberliegenden Seite ein und ziehe den Faden fest. Verknote beide Fäden auf der Rückseite doppelt miteinander.

Kleeblatt

Stricke 4 einzelne Blättchen.
Schlage 5 M mit Stricknadel 4 mm in der Farbe Oliv an .
R 1: Alle M re.
R 2: Stricke abwechselnd [1 M re, 1 M verdoppeln] bis zur letzten M, 1 M re (= 7 M).
R 3–5: Alle M re.
R 6: Stricke abwechselnd [1 M re, 2 M re zus] bis zur letzten M, 1 M re (= 5 M).
R 7: Alle M re.
R 8: Stricke abwechselnd [2 M re zus, 1 M re] bis zum Ende der R (= 3 M).
R 9–10: Alle M re.

Kürze den Faden auf 10 cm. Fädele das Ende in die Wollnadel und nimm nacheinander die M von der Stricknadel.

Zieh den Faden an und verknote ihn.

Fertigstellen

Kürze alle Fäden so, dass du sie beim Aufkleben hinter deinem Motiv verstecken kannst.

Klebe das Motiv mit Bastelkleber auf die Karte.

Wenn du möchtest, kannst du deine Karte noch beschriften.

Freunde im Rahmen

Maße: 10 cm x 5 cm | Schwierigkeitsgrad: mittel

Freundschaft ist etwas ganz Besonderes und verdient ein besonderes Geschenk. Wie wäre es mit einem selbstgestrickten Porträt von euch, anstatt eines Fotos?

Du brauchst:

- je 50 g Schachenmayr Catania Grande, Fb.03212 Sand, Fb.03252 Kamelie, Fb.03164 Jeans, Fb.03205 Apfel, Fb.03254 Taupe (100% Baumwolle, LL 50 g/63 m)
- 50 g Schulana Sumerino, Fb.108 Kastanie, Fb.003 Schwarz (100% Schurwolle, LL 50 g/85 m)
- 1 Paar Stricknadeln 4 mm
- Häkelnadel 3,5 mm
- 4 Kunststoff-Sicherheitsaugen, Ø 6 mm
- Füllwatte
- Bilderrahmen 25x25 cm
- Papier in Elfenbein, A3, 160g/m²
- Heißklebepistole

Muster: Kraus re

So wird's gemacht:

Die Puppen werden in einem Stück von unten nach oben gestrickt.

Puppe mit Kleid

Schlage 26 M mit der Stricknadel 4 mm in der Farbe Kamelie an.
R 1–2: Alle M re.
R 3: 5 M re, 2x [2 M re zus], 8 M re, 2x [2 M re zus], 5 M re (= 22 M).
R 4–10: Alle M re.
R 11: 4 M re, 2x [2 M re zus], 6 M re, 2x [2 M re zus], 4 M re (= 18 M).
R 12–14: Alle M re.
Wechsle zu Farbe Sand.
R 15–25: Alle M re.
R 26: 1 M re, immer 2 M re zus bis zur letzten M, 1 M re (= 10 M).

Kürze den Faden auf 30 cm. Fädele das Ende in die Wollnadel und nimm nacheinander die M von der Stricknadel.

Zieh den Faden fest an, so dass sich das Loch schließt. Nähe die Seitenränder aneinander. Verknote am Ende beide Fäden doppelt miteinander. Stecke den hautfarbenen Faden in den Körper. Stopfe den Kopf prall mit Füllwatte aus. Bringe dabei gleichzeitig die Augen an.

Um den Hals zu formen, fädele einen 30 cm langen hautfarbenen Faden in gleichmäßigen Abständen durch die M um den Kopf herum. Beginne hinten an der Naht.

Ziehe die Enden etwas an, verknote sie doppelt und vernähe sie.

Stopfe den Körper leicht mit Füllwatte aus. Nähe mit dem Anfangsfaden von der Mitte nach außen die erste Hälfte der Anschlagkante zusammen. Führe den Faden innen zur Mitte und schließe die restliche Naht. Vernähe den Faden.

Puppe mit Hose

Schlage 18 M mit Stricknadel 4 mm in der Farbe Jeans an.
R 1–8: Alle M re.
Wechsle zur Farbe Apfel.
R 9–14: Alle M re.
Wechsle zur Farbe Taupe.
R 15–25: Alle M re.
R 26: 1 M re, immer 2 M re zus bis zur letzten M, 1 M re (= 10 M).
Nähe dein Strickstück so zusammen, wie bei der Puppe mit Kleid beschrieben.

Haare

Schneide ca. 40 Fäden mit 20 cm Länge in der Farbe Kastanie für die Puppe mit Kleid und in Schwarz für die andere Puppe

Befestige die Fäden wie auf Seite 24 beschrieben mit der Häkelnadel rund um den Oberkopf.

Arme/Beine

Fädele jeweils einen 20 cm langen hautfarbenen Faden als Arme und Beine durch den Körper. Kürze auf die gewünschte Länge und mache einen Knoten an jedem Fadenende.

Fertigstellen

Sticke mit einem 15 cm langen Faden die Nase auf. Schneide das Papier auf die Rahmengröße zu. Klebe die Puppen mit Heißkleber auf das Papier und bringe es im Rahmen an.

Windspiel

Maße: ca. 18 cm x 20,5 cm | Schwierigkeitsgrad: mittel

Leise klingelt das Windspiel im Wind. Hol dir in leuchtenden Farben ein klitzekleines bisschen Sommerwind in dein Zimmer.

Du brauchst:

- je 50 g myboshi, NO.1 Fb.191 Weiß, Fb.159 Saphir, Fb.158 Meerblau (70% Polyacryl, 30% Schurwolle; LL 50 g/55 m)
- 1 Paar Stricknadeln 6 mm
- Häkelnadel 4 mm
- 3 Klangstäbe, Ø 4 mm, 4, 6, 8 cm
- Ast ca. 14 cm
- Perlonfaden, transparent, Ø 0,25 mm
- Kamm

Muster: Kraus re

So wird's gemacht:

Das Windspiel wird von außen nach innen gestrickt. Lass bitte beim Farbwechsel die Fadenenden immer 20 cm lang hängen.

Schlage 42 M mit der Stricknadel 6 mm in der Farbe Saphir an.
R 1: Alle M re.
Wechsle zu Farbe Weiß.
R 2: 1 M re, immer 2 M re zus bis zur letzten M, 1 M re (= 22 M).
R 3–4: Alle M re.
Wechsle zu Farbe Meerblau.
R 5–6: Alle M re.
R 7: 1 M re, immer 2 M re zus bis zur letzten M, 1 M re (= 12 M).
R 8–9: Alle M re.
Wechsle zu Farbe Saphir.
R 10: Alle M re.

Kette alle M ab. Kürze den Faden auf 20 cm. Vernähe alle Fäden möglichst unauffällig bis auf die saphirfarbenen.

Knote den Ast mit diesen Fäden an vier verschiedenen Stellen an den oberen Rand des Windspiels. Vernähe die Fäden.

Schneide zwanzig 12 cm lange Wollfäden in Meerblau ab. Befestige diese, wie auf Seite 24 beschrieben, in gleichmäßigen Abständen entlang des unteren Randes. Kürze die Fransen auf 3 cm und kämme sie aus.

Schneide drei 20 cm lange Perlonfäden ab und fädele sie durch die Klangstäbe. Befestige sie mit Hilfe einer Wollnadel am unteren Rand des Windspiels. Beginne dabei mittig mit dem längsten Klangstab. Verknote die Fadenenden auf der Rückseite fest miteinander. Kürze die Fadenenden.

Möwe Ursula

Maße: 9 cm x 5 cm | Schwierigkeitsgrad: mittel

Kennst du die frechen Möwen, die dir am Strand dein Fischbrötchen klauen? Zu dieser fiesen Sorte gehört dieser kleine Strandbewohner garantiert nicht!

Du brauchst:

- je 50 g Schulana Sumerino, Fb.066 Weiß, Fb.093 Senfgelb, Fb.101 Mittelgrau Mélange (100% Schurwolle, LL50 g/85 m)
- Je 1 Paar Stricknadeln 4 mm und 4,5 mm
- 2 Kunststoff-Sicherheitsaugen, Ø 6 mm
- Füllwatte

Muster: Kraus re

So wird's gemacht:

Kopf und Körper

Kopf und Körper werden in einem von oben nach unten gestrickt.

Schlage 14 M mit Stricknadel 4,5 mm in der Farbe Weiß an.
R 1–15 R: Alle M re.
R 16: re M bis zum Ende der R, schlinge 8 M neu auf (= 22 M).
R 17: re M bis zum Ende der R, schlinge 8 M neu auf (= 30 M).
R 18: Alle M re.
R 19: 1 M re, 2 M re zus, alle M re, bis noch 3 M übrig sind, 2 M re zus, 1 M re (= 28 M).
R 20: Alle M re.
R 21: 1 M re, 2 M re zus, alle M re, bis noch 3 M übrig sind, 2 M re zus, 1 M re (= 26 M).
R 22: Alle M re.
R 23: 1 M re, 2 M re zus, alle M re, bis noch 3 M übrig sind, 2 M re zus, 1 M re (= 24 M).
R 24: Alle M re.
R 25: 1 M re, 2 M re zus, alle M re, bis noch 3 M übrig sind, 2 M re zus, 1 M re (= 22 M).
R 26: Alle M re.
R 27: 1 M re, 2 M re zus, alle M re, bis noch 3 M übrig sind, 2 M re zus, 1 M re (= 20 M).
R 28: Alle M re.
R 29: 1 M re, 2 M re zus, alle M re, bis noch 3 M übrig sind, 2 M re zus, 1 M re (= 18 M).
R 30: Alle M re.
R 31: 1 M re, immer 2 M re zus bis zur letzten M, 1 M re (= 10 M).

Kürze den Faden auf 60 cm. Fädele das Ende in die Wollnadel und nimm nacheinander die Maschen von der Stricknadel. Zieh den Faden fest an, so dass sich das Loch schließt. Nähe die Seitenränder des Körpers aneinander.

Drehe dein Strickstück zur Seite und nähe die Anschlagkante zusammen.

Stopfe den Körper mit Füllwatte aus. Nähe nun weiter die Seitenränder des Kopfes aneinander. Verknote am Ende beide Fäden doppelt miteinander. Stecke einen Faden in dein Strickstück und stopfe den Kopf mit Füllwatte aus. Bringe dabei gleichzeitig die Augen an.

Nimm die Maschen der Anschlagkante mit dem anderen Faden auf. Ziehe den Faden fest an, so dass sich das Loch schließt, und vernähe den Faden.

Flügel

Stricke zwei Stück.
Schlage 3 M mit Stricknadel 4,5 mm in der Farbe Mittelgrau an.
R 1: Alle M re.
R 2: 1 M verdoppeln, 1 M re, 1 M verdoppeln (= 5 M).
R 3: Alle M re.
R 4: Abwechselnd [1 M re, 1 M verdoppeln] bis zur letzten M, 1 M re (= 7 M).
R 5–9: Alle M re.
R 10: Abwechselnd [1 M re, 2 M re zus] bis zur letzten M, 1 M re (= 5 M).
R 11–13: Alle M re.
R 14: 2 M re zus, 1 M re, 2 M re zus (= 3 M).
R 15: Alle M re.
R 16: Stich in die erste M ein, als würdest du sie re stricken wollen, und hebe sie ungestrickt von der li Nadel.

Stricke 2 M re zus. Zieh nun die abgehobene M über die vordere, wie beim Abketten. Kürze den Faden auf 20 cm. Ziehe die letzte Masche etwas auf. Fädle das Fadenende durch und zieh fest.

Fädele den Anfangsfaden in die Wollnadel. Nähe den Flügel im Vorstich, siehe Seite 23, an den Körper. In meiner Abbildung habe ich ein andersfarbiges Garn verwendet, damit du es besser erkennen kannst. Vernähe die Fäden.

Schnabel

Schlage 5 M mit Stricknadel 4 mm in in der Farbe Senf an. Kette alle M ab.
Kürze den Faden auf 20 cm. Fädele das Ende in die Wollnadel.

Nähe den Schnabel an den Kopf. Stich dafür von rechts nach links unterhalb der Augen durch den Körper.

Führe den Faden wieder nach vorn durch den Schnabel und ziehe ihn fest. Vernähe die Fäden.

Beine

Stricke zwei Stück.
Schlage 16 M mit Stricknadel 4 mm in der Farbe Senf an. Kette alle M ab. Kürze den Faden auf
15 cm. Fädele den Anfangsfaden in die Wollnadel. Nähe das Bein, wie den Schnabel, an den Körper, und vernähe die Fäden.

Füße

Stricke zwei Stück.
Schlage 3 M mit Stricknadel 4 mm in der Farbe Senf an.
R 1–3: Alle M re.
R 4: Verdopple alle M.
R 5–11: Alle M re.
Kette alle M ab. Kürze den Faden auf 10 cm.
Fädele den Anfangsfaden in die Wollnadel.
Nähe den Fuß an das Bein und vernähe die Fäden.

Koala Koko

Maße: 10 cm x 11 cm | Schwierigkeitsgrad: mittel

Koko ist ein wirklich süßes Kerlchen. Er liebt es, mit dir Abenteuer zu erleben. Dabei sitzt er gerne in deiner Jackentasche und schaut heraus.

Du brauchst:

- 50 g Schulana Sumerino, Fb.101 Mittelgrau Mélange (100% Schurwolle, LL 50 g/85 m)
- 1 Paar Stricknadeln 4,5 mm
- 2 Kunststoff-Sicherheitsaugen, Ø 6 mm
- Filz in Weiß, Schwarz
- Füllwatte
- Garnrest in Schwarz
- Vorlage 5, s. Innenumschlag

Muster: Kraus re

So wird's gemacht:

Kopf und Körper

Kopf und Körper werden in einem Stück von unten nach oben gestrickt.

Schlage 18 M mit Stricknadel 4,5 mm an.

R 1–7: Alle M re.

R 8: Abwechselnd [2 M re, 2 M re zus] bis noch 2 M übrig sind, 2 M re (= 14 M).

R 9–15: Alle M re.

R 16: 1 M re, verdopple die nächsten 12 M, 1 M re (= 26 M).

R 17: Alle M re.

R 18: 1 M re, abwechselnd [2 M re, 1 M verdoppeln] bis zur letzten M, 1 M re (= 34 M).

R 19–21 R: Alle M re.

R 22: 6 M re, 2 M re zus, 1 M re, 2 M re zus, 12 M re, 2 M re zus, 1 M re, 2 M re zus, 6 M re (= 30 M).

R 23–25: Alle M re.

R 26: 5 M re, 2 M re zus, 1 M re, 2 M re zus, 10 M re, 2 M re zus, 1 M re, 2 M re zus, 5 M re (= 26 M).

R 27-29: Alle M re.

R 30: 4 M re, 2 M re zus, 1 M re, 2 M re zus, 8 M re, 2 M re zus, 1 M re, 2 M re zus, 4 M re (= 22 M).

R 31–33 R: Alle M re.

Kette alle M ab.

Kürze den Faden auf 20 cm. Klappe deine Arbeit so zusammen, dass die Seitenränder hinten mittig aneinanderliegen. Die Vorderseite schaut zu dir.

Fädele den Anfangsfaden in die Wollnadel. Nimm nacheinander die M der Anschlagkante auf. Ziehe den Faden fest an.

Nähe nun die Seitenränder zusammen. Wenn du oben am Kopfende angelangt bist, verknote beide Fäden doppelt miteinander.

Stopfe nach und nach Körper und Kopf mit Füllwatte aus. Bringe die Augen an.

Schließe mit einem der Fäden von der Mitte nach außen die erste Hälfte der Kopfnaht.
Wiederhole den Schritt mit dem zweiten Faden in die andere Richtung. Stopfe dabei nochmal mit Füllwatte nach, bevor du die Naht endgültig schließt.
Vernähe die Fäden.

Du kannst den Hals noch etwas formen, indem du einen Faden unterhalb des Kopfes um deine Arbeit legst und leicht zusammenziehst.

Übertrage die Vorlage für die Nase auf schwarzen Filz, schneide sie aus und klebe sie mit Bastelkleber auf.
Sticke die Augenbrauen mit einem 30 cm langen schwarzen Garnrest auf.
Verknote die Fäden zweimal miteinander und vernähe sie.

Ohren

Stricke zwei Stück.
Schlage 8 M mit Stricknadel 4,5 mm an.
R 1- 6: Alle M re.
R 7: 1 M re , 2 M re zus, 2 M re, 2 M re zus, 1 M re (= 6 M).
R 8: Alle M re.
R 9: 1 M re, immer 2 M re zus bis zur letzten M, 1 M re (= 4 M).

Kürze den Faden auf 15 cm. Fädele ihn mit der Wollnadel durch die restlichen M und zieh sie zusammen, um die Rundung des Ohres zu formen. Vernähe den Faden. Übertrage die Vorlage für die Ohren auf weißen Filz, schneide sie aus und klebe sie mit Bastelkleber auf. Bring die Wollnadel am Anfangsfaden an. Nähe das Ohr jeweils seitlich an den Kopf.

Arme

Stricke zwei Stück.
Schlage 10 M mit der Stricknadel 4,5 mm an.
Stricke 6 R re M.
Kette alle M ab.
Kürze den Faden auf 30 cm. Fädle ihn in die Wollnadel und nimm am Rand in gleichmäßigen Abständen Maschenbögen auf.

Ziehe den Faden fest.
Klappe dein Strickstück so um, dass die langen Seiten aneinanderliegen.
Nähe sie zusammen.

Verknote beide Fäden doppelt miteinander.
Nähe den Arm seitlich an den Körper.
Vernähe die Fäden.

Beine

Stricke zwei Stück.
Schlage 8 M mit Stricknadel 4,5 mm an.
Stricke 6 R re M.
Kette alle M ab.
Wiederhole ab hier die Schritte wie beim Arm.

Robbe Luna

Maße: 15 cm x 12 cm | Schwierigkeitsgrad: mittel

Luna lebt am Meer, fühlt sich aber auch in anderen Regionen durchaus wohl. Hauptsache, sie bekommt viel Liebe und Aufmerksamkeit!

Du brauchst:

- 100 g myboshi, NO.1 Fb.192 Elfenbein (70% Polyacryl/ 30% Schurwolle, LL 50 g/55m)
- 1 Paar Stricknadeln 5,5 mm
- 2 Kunststoff-Sicherheitsaugen, Ø 8 mm
- 1 Kunststoff-Sicherheitsnase, 8 mm
- Füllwatte
- Garnrest in Schwarz

Muster: Kraus re, glatt re

So wird's gemacht:

Kopf und Körper

Kopf und Körper werden in einem Stück von oben nach unten gestrickt.

Schlage 16 M mit Stricknadel 5,5 mm an.
R 1–12: Alle M re.
R 13: re M bis zum Ende der R, schlinge 10 M neu auf (= 26 M).
R 14: re M bis zum Ende der R, schlinge 10 M neu auf (= 36 M).
R 15: Alle M re.
R 16: 1 M re, 2 M re zus. alle M re, bis noch 3 M übrig sind, 2 M re zus, 1 M re (= 34 M).
R 17–19: Alle M re.
R 20: 1 M re, 2 M re zus, 10 M re, 2 M re zus, 4 M re, 2 M re zus, 10 M re, 2 M re zus, 1 M re (= 30 M).
R 21: Alle M re.
R 22: 1 M re, 2 M re zus, alle M re ,bis noch 3 M übrig sind, 2 M re zus, 1 M re (= 28 M).
R 23: Alle M re.
R 24: 1 M re, 2 M re zus, 7 M re, 2 M re zus, 4 M re, 2 M re zus, 7 M re, 2 M re zus, 1 M re (= 24 M).
R 25: Alle M re.
R 26: 1 M re, 2 M re zus, 5 M re, 2 M re zus, 4 M re, 2 M re zus, 5 M re, 2 M re zus, 1 M re (= 20 M).
R 27: Alle M re.
R 28: 1 M re, immer 2 M re zus bis zur letzten M, 1 M re (= 11 M).

Kürze den Faden auf 60 cm. Fädele das Ende in die Wollnadel und nimm nacheinander die Maschen von der Stricknadel. Zieh den Faden fest an bis sich das Loch schließt.
Nähe die Seitenränder des Körpers aneinander.

Drehe dein Strickstück zur Seite und nähe die Anschlagkanten zusammen.

Stopfe den Körper mit Füllwatte aus. Nähe nun weiter die Seitenränder des Kopfes zusammen. Verknote am Ende beide Fäden doppelt miteinander. Stecke einen Faden in dein Strickstück und stopfe den Kopf mit Füllwatte aus. Bringe dabei gleichzeitig die Augen an.

Nimm die M der Anschlagkante mit dem anderen Faden auf.
Zieh den Faden fest an, so dass sich das Loch schließt. Vernähe den Faden.

Schnauze

Schlage 13 M mit Stricknadel 5,5 mm an.
R 1: Alle M li.
R 2: Abwechselnd [1 M re, 2 M re zus] bis zur letzten M, 1 M re (= 9 M).
Kürze den Faden auf 30 cm. Fädele das Ende in die Wollnadel und nimm nacheinander die M von der Stricknadel.
Zieh den Faden fest an, bis sich das Loch schließt.

Nähe die Seitenränder aneinander. Verknote Anfangs- und Endfaden doppelt miteinander.

Bringe die Nase an. Stopfe die Schnauze mit Füllwatte aus und nähe sie an.
Vernähe die Fäden.

Hinterflossen

Schlage 9 M mit Stricknadel 5,5 mm an.
R 1: Alle M re.
R 2: Abwechselnd [1 M re, 1 M verdoppeln] bis zur letzten M, 1 M re (= 13 M).
R 3: Alle M re.
R 4: Abwechselnd [2 M re, 1 M verdoppeln] bis zur letzten M, 1 M re (= 17 M).
R 5–7: Alle M re.

Kette alle M ab. Kürze den Faden auf 20 cm. Fädele das Ende in die Wollnadel.
Leg die Schwanzflosse mit den Seitenrändern aneinander. Nähe zuerst die Abkettkante zusammen. Führe das Fadenende nach innen.

Fädele den Anfangsfaden in die Wollnadel und näh die Seitenränder zusammen. Kürze den Faden und führe ihn ebenfalls ins Innere.
Ziehe einen 30 cm langen Faden mittig durch die Maschenbögen der Schwanzflosse, einmal um die Flosse herum.

Ziehe fest an beiden Fadenenden, um die Flosse zu formen, und verknote sie miteinander.

Nähe die Flosse an den Körper und vernähe die Fäden.

Vorderflosse

Stricke zwei Stück.
Schlage 7 M mit Stricknadel 5,5 mm an.
R 1–7: Alle M re.
R 8: Abwechselnd [1 M re, 2 M re zus] bis zur letzten M, 1 M re (= 5 M).
Kürze den Faden auf 20 cm. Fädele das Ende in die Wollnadel und nimm nacheinander die M von der Stricknadel.
Zieh den Faden fest an, bis sich das Loch schließt. Nähe die Seitenränder aneinander.

Verknote die Fadenenden doppelt miteinander. Nähe die Flosse an den Körper und vernähe die Fäden.

Wandutensilo

Maße: jeweils 23 cm x 17 cm | Schwierigkeitsgrad: mittel

Die Wandutensilo sorgen für Ordnung auf deinem Schreibtisch. Lust auf einen Farbwechsel? Dann tausche die Taschen einfach aus.

Du brauchst:

- 100 g Lana Grossa The Tube Fine, Fb.111 Resedagrün (68% Baumwolle, 32% Polyamid, LL 100 g/140 m)
- 1 Paar Stricknadeln 5 mm
- 2 Korkuntersetzer eckig, 23 x 17 cm
- 28 Polsternägel vernickelt, Ø 6,5 mm
- 2 Magnete, Ø 10 mm, Stärke 1 mm
- Heißklebepistole

Muster: Kraus re, Glatt re.

So wird's gemacht:

Utensilio links

Schlage 30 M mit Stricknadel 5 mm an.
Stricke 9 cm glatt re. Beginne mit einer R re M und ende mit 1 R li M.
Stricke noch 8 R re M.
Kette alle Maschen ab. Kürze den Faden auf 15 cm. Vernähe die Fäden.

Leg dein Strickstück auf den Korkuntersetzer und befestige es in gleichmäßigen Abständen (ca. alle 2,5 cm) mit Polsternägeln. Beginne in den Ecken. Die Zwischenräume zwischen den einzelnen Nägeln kannst du noch mit etwas Heißkleber fixieren.

Utensilio rechts

Kleine Tasche

Schlage 18 M mit Stricknadel 5 mm an.
Stricke 6 cm glatt re. Beginne mit einer R re M und ende mit 1 R li M.
Stricke noch 6 R re M.
Kette alle Maschen ab. Kürze den Faden auf 15 cm. Vernähe die Fäden.
Befestige die kleine Tasche wie bei Utensilo 1 beschrieben.

Band für Klebestreifen

Schlage 20 M mit Stricknadel 5 mm an.
Stricke 3 R re M.
Kette alle M ab.
Vernähe die Fäden.
Befestige das Band mit den Polsternägeln auf dem Kork.

Klebe 2 Magnete mit Heißkleber auf dein Strickstück (siehe Abbildung).

Lasche für die Schere

Schlage 10 M mit Stricknadel 5 mm an.
Stricke 1 R re M.
Kette alle M ab.
Vernähe die Fäden. Befestige die Lasche mit den Polsternägeln auf dem Kork.

Krokodil Björn

Maße: 22 cm x 12 cm | Schwierigkeitsgrad: fortgeschritten

Björn sieht zwar nicht so aus, ist aber eigentlich ein ganz pfiffiges Kerlchen. Allerdings ist er auch etwas faul und liegt am liebsten den ganzen Tag auf deinem Bett herum.

Du brauchst:

- 50 g myboshi, NO.1 Fb.129 Jagdgrün (70% Polyacryl, 30% Schurwolle, LL 50 g/55 m)
- 1 Paar Stricknadeln 5 mm
- 2 Kunststoff-Sicherheitsaugen, Ø 10 mm
- Füllwatte
- Filz in Weiß
- 2-Cent-Stück
- Garnrest in Beige

Muster: Kraus re

So wird's gemacht:

Das Krokodil wird von Kopf bis Schwanz in einem Stück gestrickt.

Körper

Schlage 7 M mit Stricknadel 5 mm an.
R 1: Alle M re.
R 2: Stricke abwechselnd [1 M re, 2 M verdoppeln] bis zur letzten M, 1 M re (= 11 M).
R 3: Alle M re.
R 4: 2x [1 M re, 1 M verdoppeln, 2 M re, 1 M verdoppeln], 1 M re (= 15 M).
R 5: Alle M re.
R 6: 2x [1 M re, 1 M verdoppeln, 4 M re, 1 M verdoppeln], 1 M re (= 19 M).
R 7–41: Alle M re. (Gesamtlänge ca. 13,5 cm)
R 42: 1 M re, 2 M re zus, 13 M re, 2 M re zus, 1 M re (= 17 M).
R 43–44 R: Alle M re.
R 45: 6 M re, 2 M re zus, 1 M re, 2 M re zus, 6 M re (= 15 M).
R 46–47: Alle M re.
R 48: 1 M re, 2 M re zus, 9 M re, 2 M re zus, 1 M re (= 13 M).
R 49: Alle M re.
R 50: 4 M re, 2 M re zus, 1 M re, 2 M re zus, 4 M re (= 11 M).
R 51–52: Alle M re.
R 53: 1 M re, 2 M re zus, 5 M re, 2 M re zus, 1 M re (= 9 M).
R 54–55: Alle M re.
R 56: 2 M re, 2 M re zus, 1 M re, 2 M re zus, 2 M re (= 7 M).
R 57–58: Alle M re.
R 59: Stricke abwechselnd [1 M re, 2 M re zus] bis zur letzten M, 1 M re (= 5 M).
R 60–62: Alle M re.
Kürze den Faden auf 60 cm. Fädele das Ende in die Wollnadel und nimm nacheinander die M von der Stricknadel.
Zieh den Faden fest an, bis sich das Loch schließt.

Nähe die Seitenränder des Schwanzes aneinander. Zieh am Faden, bis sich der Schwanz seitlich etwas einrollt.
Nähe die Seitenränder bis 2 cm vor der Anschlagkante zusammen.

Nun nähst du mit einem 50 cm langen grünen Faden im Vorstich (siehe Seite 23) den Schwanz ab. Ich habe ein andersfarbiges Garn verwendet, damit du es besser erkennen kannst. Stopfe nur den Körper mit Füllwatte aus.

Zeichne mit dem 2-Cent-Stück zwei Kreise auf weißen Filz. Schneide sie aus. Kennzeichne die Stelle, wo die Augen hin sollen. Stich vorsichtig mit der Schere zwei Löcher in den Filz. Stecke die Augen hindurch und bringe sie am Kopf an.

Nähe nun das Maul wie den Schwanz mit einem Faden ab.

Schließe die restliche Seitennaht. Nähe die Anschlagkante aneinander.
Sticke den Mund mit dem beigen Garnrest auf.

Kamm

Schlage 8 M mit Stricknadel 5 mm an.
R 1: Alle M re.
R 2: Stricke 2 M re, drehe dann die re Nadel nach hinten einmal komplett um sich selbst. Wiederhole diese beiden Schritte abwechselnd bis zu den letzten 2 M, stricke abschließend 2 M re.

Kette alle M ab.
Nähe den Kamm mit der Abkettkante oben auf den Körper. Vernähe die Fäden.

Beine

Stricke 4 Stück.
Schlage 7 M mit Stricknadel 5 mm an.
R 1- 5: Alle M re.
Kürze den Faden auf 20 cm. Fädele das Ende in die Wollnadel und nimm nacheinander die M von der Stricknadel.
Zieh den Faden fest an, bis sich das Loch schließt. Nähe die Seitenränder aneinander. Verknote die Fäden doppelt miteinander. Nähe das Bein seitlich an den Körper. Vernähe die Fäden.

Bär Freddy

Maße: 18 cm x 15 cm | Schwierigkeitsgrad: fortgeschritten

Freddy ist das perfekte Geschenk für einen lieben Menschen. Denn er hat das Herz, pardon, den Knopf am rechten Fleck!

Du brauchst:

- je 50 g myboshi, NO.1 Fb.122 Grasgrün, Fb.175 Schlamm (70% Polyacryl, 30% Schurwolle, LL 50 g/55 m)
- 3 Stricknadeln 5,5 mm (ggf. 1 Rundstricknadel 5,5 mm)
- 2 Kunststoff-Sicherheitsaugen, Ø 8 mm
- 1 Kunststoff-Sicherheitsnase, 15 mm
- Füllwatte
- Knopf in Rot, Ø 10 mm
- Garnrest in Schwarz, Rot

Muster: Kraus re, Glatt re

So wird's gemacht:

Der Bär wird von unten nach oben in einem Stück gestrickt.

Bein 1

Schlage 8 M mit Stricknadel 5,5 mm in der Farbe Schlamm an.
R 1–3: Alle M re.
Belasse die M auf der Nadel, schneide den Faden ab und leg deine Arbeit zur Seite.

Bein 2

Wiederhole Bein 1. Schneide am Ende allerdings nicht den Faden ab, sondern stricke wie folgt weiter:
R 4: 1 M verdoppeln, re M bis zur letzten M, 1 M verdoppeln.

Leg die leere Nadel weg und nimm die Nadel mit den M des ersten Beines in die linke Hand. Dreh die Nadel so, dass der Anfangsfaden auf der linken Seite hängt.

Wiederhole R 4 mit den M dieser Nadel. (=20 M).
R 5: Alle M re.
Wechsle zu Farbe Grasgrün.
R 6: 4 M re, 1 M verdoppeln, 1 M re, 1 M verdoppeln, 6 M re, 1 M verdoppeln, 1 M re, 1 M verdoppeln, 4 M re (= 24 M).
R 7: Alle M re.
R 8: 5 M re, 1 M verdoppeln, 1 M re, 1 M verdoppeln, 8 M re, 1 M verdoppeln, 1 M re, 1 M verdoppeln, 5 M re (= 28 M).
R 9–17: Alle M re.

R 18: 5 M re, 2 M re zus, 1 M re, 2 M re zus, 8 M re, 2 M re zus, 1 M re, 2 M re zus, 5 M re (= 24 M).
R 19–23: Alle M re.
R 24: 4 M re, 2 M re zus, 1 M re, 2 M re zus, 6 M re, 2 M re zus, 1 M re, 2 M re zus, 4 M re (= 20 M).
R 25–27: Alle M re.
Wechsle zu Farbe Schlamm.
R 28–41: Alle M re.
R 42: 1 M re, abwechselnd [2 M zus, 1 M re] bis zur letzten M, 1 M re (= 14 M).
R 43: Alle M re.
R 44: Immer 2 M re zus (= 7 M).

Kürze den Faden auf 50 cm. Fädele das Ende in die Wollnadel und nimm nacheinander die M von der Stricknadel. Zieh den Faden fest an, bis sich das Loch schließt.

Schlage beide Seitenränder zur Mitte und nähe sie ca. 6 cm zusammen. Achte darauf, dass die Vorderseite außen liegt. Stopfe den Kopf aus und bringe die Augen an. Schließe die Naht bis zum Ende des grünen Streifens. Entferne die Wollnadel und stopfe den Körper weiter aus.

Befestige die Wollnadel am Anfangsfaden eines Beines. Nimm nacheinander die M der Anschlagkante auf, ziehe den Faden an, bis sich das Loch schließt.

Nähe die Seitenränder aneinander. Entferne die Wollnadel. Wiederhole die Schritte mit dem zweiten Bein.

Vernähe alle Fäden bis auf den Faden, mit dem du die Seitenränder des Körpers zusammengenäht hast. Schließe mit diesem Faden die noch offene Naht.
Vernähe den Faden.

Arme

Stricke 2 Stück.
Schlage 6 M mit Stricknadel 5,5 mm in der Farbe Grasgrün an.
R 1–15: Alle M re.
Wechsle zu Farbe Schlamm.
R 16–19: Alle M re.

Kürze den Faden auf 30 cm. Fädele das Ende in die Wollnadel und nimm nacheinander die M von der Stricknadel. Zieh den Faden fest an, bis sich das Loch schließt. Nähe die Seitenränder aneinander. Verknote den Faden mit dem Anfangsfaden doppelt. Stecke ihn in den Arm. Nähe den Arm an den Körper. Vernähe den Faden.

Schnauze

Schlage 13 M mit Stricknadel 5,5 mm in der Farbe Schlamm an.
R 1: Alle M li.
R 2: Alle M re.
R 3: Alle M li.
R 4: Abwechselnd [1 M re, 2 M re zus] bis zur letzten M, 1 M re (= 9 M).
Kürze den Faden auf 30 cm. Fädele das Ende in die Wollnadel und nimm nacheinander die M von der Stricknadel. Zieh den Faden fest an, bis sich das Loch schließt. Nähe die Seitenränder im Matratzenstich aneinander.

Verknote beide Fäden doppelt miteinander. Bringe die Nase an und stopfe die Schnauze aus. Nähe die Schnauze an den Kopf und vernähe die Fäden.

Ohren

Stricke 2 Stück.
Schlage 6 M mit Stricknadel 5,5 mm in der Farbe Schlamm an.
Stricke 1 R re M.

Kürze den Faden auf 20 cm. Fädele das Ende in die Wollnadel. Nimm nacheinander die M von der Stricknadel, ziehe den Faden fest an.
Führe den Faden an den gegenüberliegenden Rand.

Nähe die Ohren an den Kopf. Vernähe die Fäden.
Sticke mit einem 30 cm langem schwarzem Garnrest die Augenbrauen und Nasenfalte auf.
Nähe den Knopf mit dem roten Garnrest an.

Stulpen

Maße: Umfang: 16 - 20 cm, Länge: 14 cm | Schwierigkeitsgrad: fortgeschritten

Diese kuschelig weichen Stulpen wärmen dir im Winter deine Hände. Wenn du noch keine linken Maschen stricken kannst, macht das gar nichts. Du kannst sie auch in Kraus re stricken.

Du brauchst:

- je 100 g Schachenmayr Bravo Quick & Easy, Fb.08194 Limone, Fb.08211 Royal (100% Polyacryl, LL 100 g/165 m)
- 1 Paar Stricknadeln 5 mm

Muster: Kraus re, Glatt re

So wird's gemacht:

Stricke zwei Stück.
Schlage 26 M mit Stricknadel 5 mm in der Farbe Limone an.
Stricke 1 R re M.
Wechsle zu Farbe Royal.
Stricke abwechselnd [1 R re M, 1 R li M] bis dein Strickstück 11 cm lang ist, ende mit einer R li M.
Wechsle zu Farbe Limone.
Stricke 10 R re M.
Kette alle M locker ab.

Kürze den Faden auf 60 cm und fädle das Ende in die Wollnadel.
Klappe deine Stulpe so um, dass die Seitenränder aneinanderliegen.
Die Vorderseite schaut zu dir.

Nähe die Seitenränder ca. 5 cm zusammen.

Entferne die Wollnadel und lass den Faden hängen.

Bring die Wollnadel am Anfangsfaden an.
Nähe die Seitenränder ca. 6,5 cm zusammen. Es bleibt ein Loch für den Daumen.
Bevor du die Fäden vernähst, probiere deine Stulpe an. Ist das Daumenloch zu groß, nähe noch ein bisschen zu.
Ist das Daumenloch zu klein, trenne die Naht etwas auf.
Vernähe die Fäden.

Seepferd Lola

Maße: 20 cm x 8 cm | Schwierigkeitsgrad: fortgeschritten

Lola lebt im Meer und paddelt dort gerne mit anderen Seepferdchen herum. Um sich bei dir wohlzufühlen, braucht sie ganz viel Gesellschaft.

Du brauchst:

- je 50 g Schulana Sumerino, Fb. 072 Türkis, Fb. 022 Königsblau (100% Schurwolle, LL 50 g/85 m)
- 1 Paar Stricknadeln 4,5 mm
- 2 Kunststoff-Sicherheitsaugen, Ø 8 mm
- Füllwatte
- Garnrest in Schwarz

Muster: Kraus re

So wird's gemacht:

Das Seepferd besteht aus mehreren Teilen, die später aneinandergenäht werden.

Körper

Der Körper wird von oben nach unten gestrickt.

Schlage 9 M mit Stricknadel 4,5 mm in der Farbe Türkis an.

R 1–2: Alle M re.

R 3: 3 M re, 1 M verdoppeln, 1 M re, 1 M verdoppeln, 3 M re (= 11 M).

R 4: Alle M re.

R 5: 4 M re, 1 M verdoppeln, 1 M re, 1 M verdoppeln, 4 M re (= 13 M).

R 6: Alle M re.

R 7: 5 M re, 1 M verdoppeln, 1 M re, 1 M verdoppeln, 5 M re (= 15 M).

R 8: Alle M re.

R 9: 6 M re, 1 M verdoppeln, 1 M re, 1 M verdoppeln, 6 M re (= 17 M).

R 10: Alle M re.

R 11: 7 M re, 1 M verdoppeln, 1 M re, 1 M verdoppeln, 7 M re (= 19 M).

R 12–18: Alle M re.

R 19: 7 M re, 2 M re zus, 1 M re, 2 M re zus, 7 M re (= 17 M).

R 20: Alle M re.

R 21: 6 M re, 2 M re zus, 1 M re, 2 M re zus, 6 M re (= 15 M).

R 22: Alle M re.

R 23: 5 M re, 2 M re zus, 1 M re, 2 M re zus., 5 M re (= 13 M).

R 24–26: Alle M re.

R 27: 4 M re, 2 M re zus, 1 M re, 2 M re zus, 4 M re (= 11 M).

R 28- 30: Alle M re.

R 31: 3 M re, 2 M re zus, 1 M re, 2 M re zus, 3 M re (= 9 M).

R 32–36: Alle M re.

R 37: 2 M re, 2 M re zus, 1 M re, 2 M re zus, 2 M re (= 7 M).

R 38–50: Alle M re.

R 51: Abwechselnd [1 M re, 2 M re zus] bis zur letzten M, 1 M re (= 5 M).

R 52–56: Alle M re.

Kürze den Faden auf 60 cm. Fädele das Ende in die Wollnadel und nimm nacheinander die M von der Stricknadel. Zieh den Faden fest an, bis sich das Loch schließt. Nähe die Seitenränder zusammen. Stopfe dabei nach und nach den Körper mit Füllwatte aus. Spare dabei das Schwanzende aus, damit du es später formen kannst. Verknote beide Fäden doppelt miteinander.

Kopf

Schlage 13 M mit Stricknadel 4,5 mm in der Farbe Türkis an.
R 1–2: Alle M re.
R 3: 1 M re, alle M verdoppeln bis auf die letzte M, 1 M re (= 24 M).
R 4–12: Alle M re.
R 13: Abwechselnd [2 M re, 2 M re zus] bis zum Ende der R (= 18 M).
R 14: Alle M re.
R 15: Abwechselnd [1 M re, 2 M re zus] bis zum Ende der R (= 12 M).
R 16: Alle M re.
R 17: 2 M re, 2 M re zus, bis noch 2 M übrig sind, 2 M re (= 8 M).
R 18: Alle M re.
R 19: 2 M re, 2 M re zus, bis noch 2 M übrig sind, 2 M re (= 6 M).
R 20–24: Alle M re.

Kürze den Faden auf 30 cm. Fädele das Ende in die Wollnadel und nimm nacheinander die M von der Stricknadel.
Zieh den Faden fest an, bis sich das Loch schließt.

Nähe die Seitenränder zusammen. Stopfe dabei nach und nach den Kopf mit Füllwatte aus und bringe dabei gleichzeitig die Augen an. Verknote beide Fäden doppelt miteinander. Stecke einen der Fäden in dein Strickstück.
Nimm mit dem anderen Faden die M der Anschlagkante auf. Zieh den Faden fest an, bis sich das Loch schließt. Vernähe den Faden. Sticke die Wimpern mit einem 30 cm langem schwarzem Garnrest auf.

Kamm

Schlage 21 M mit Stricknadel 4,5 mm in der Farbe Königsblau an.
R 1–2: Alle M re.
R 3: Stricke 2 M re, drehe dann die rechte Nadel nach hinten einmal komplett um sich selbst. Wiederhole diese beiden Schritte abwechselnd bis zu den letzten 2 M, stricke abschließend 2 M re.
Kette alle M ab.

Kürze den Faden auf 40 cm. Fädele das Ende in die Wollnadel.
Nähe den Kamm mit der Abkettkante an den Kopf. Beginne auf Höhe des Auges und ende am unteren Kopfende. Vernähe die Fäden. Nähe den Kopf an den Körper.

Rückenflosse

Schlage 6 M mit Stricknadel 4,5 mm in der Farbe Königsblau an.
R 1–2: Alle M re.
R 3: Immer 2 M re zus bis zum Ende der R.
R 4: Alle M re.

Kürze den Faden auf 20 cm. Fädele das Ende in die Wollnadel und nimm nacheinander die M von der Stricknadel. Ziehe den Faden zusammen.

Nähe die Flosse an den Körper und vernähe die Fäden.

Fuchs Fiete

Maße: ca. 17 cm x 10 cm | Schwierigkeitsgrad: fortgeschritten

Fuchs Fiete ist wahnsinnig neugierig und steckt seine Schnauze äußerst gerne in Dinge, die ihn eigentlich gar nichts angehen. Trotzdem ist er ein treuer Freund und guter Zuhörer.

Du brauchst:

- je 50 g myboshi, NO.1 Fb.131 Orange, Fb.191 Weiß, Fb.174 Kakao (70% Polyacryl, 30% Schurwolle, LL 50 g/55 m)
- je 1 Paar Stricknadeln 5 mm und 5,5 mm
- 2 Kunststoff-Sicherheitsaugen, Ø 8 mm
- Füllwatte
- Maschenmarkierer
- Garnrest in Schwarz

Muster: Kraus re, Glatt re

So wird's gemacht:

Der Fuchs besteht aus mehreren Teilen, die später aneinandergenäht werden.

Körper

Schlage 20 M mit Stricknadel 5 mm in der Farbe Orange an.
R 1: Alle M li.
R 2: 1 M re, abwechselnd [1 M verdoppeln, 2 M re] bis zur letzten M, 1 M re (= 26 M).
R 3: Alle M li.
R 4: 1 M re, abwechselnd [1 M verdoppeln, 3 M re] bis zur letzten M, 1 M re (= 32 M).
R 5–13: Glatt re.
R 14: 1 M re, abwechselnd [2 M re zus, 3 M re] bis zur letzten M, 1 M re (= 26 M).
R 15: Alle M li.
R 16: 1 M re, abwechselnd [2 M re zus, 2 M re] bis zur letzten M, 1 M re (= 20 M).
R 17–19: 3 R glatt re.
R 20: 1 M re, abwechselnd [2 M re zus, 1 M re] bis zur letzten M, 1 M re (= 4 M).
R 21–23: Glatt re.

Kürze den Faden auf 50 cm. Fädele das Ende in die Wollnadel und nimm nacheinander die M von der Stricknadel.
Zieh den Faden fest, bis sich das Loch schließt.

Nähe die Seitenränder des Körpers im Matratzenstich zusammen.
Verknote beide Fäden doppelt miteinander.

Stecke den Anfangsfaden in den Körper und stopfe den Körper mit Füllwatte aus.
Nimm nun die Maschen der Anschlagkante auf. Zieh den Faden fest, bis sich das Loch schließt.
Vernähe den Faden.

Kopf

Schlage 14 M mit Stricknadel 5 mm in der Farbe Weiß an.
R 1: Alle M li.
R 2: 1 M re, abwechselnd [1 M verdoppeln, 1 M re] bis zur letzten M, 1 M re (= 20 M).
R 3: Alle M li.
R 4: 1 M re, abwechselnd [1 M verdoppeln, 2 M re] bis zur letzten M, 1 M re (= 26 M).
R 5–7: Glatt re.
R 8: 1 M re, abwechselnd [2 M re zus, 2 M re] bis zur letzten M, 1 M re (= 20 M).
R 9: Alle M li.
Wechsle zu Farbe Orange.
R 10–15: Glatt re.
R 16: 2 M re, abwechselnd [2 M re zus, 3 M re] bis auf die letzten 3 M, 2 M re zus, 1 M re (= 16 M).
R 17–25: Glatt re.
R 26: 1 M re, abwechselnd [2 M re zus, 2 M re] bis auf die lietzten 3 M, 2 M re zus, 1 M re (= 12 M)

Kürze den Faden auf 50 cm. Fädele das Ende in die Wollnadel und nimm nacheinander die M von der Stricknadel. Zieh den Faden fest, bis sich das Loch schließt. Nähe die Seitenränder des Kopfes im Matratzenstich zusammen. Stopfe dabei nach und nach den Kopf mit Füllwattte aus und bringe die Augen an.

Verknote beide Fäden doppelt miteinander. Stecke den orangenen Faden in den Körper. Nimm nun mit dem weißen Faden die Maschen der Anschlagkante auf. Zieh den Faden fest an, bis sich das Loch schließt. Vernähe den Faden.

Nase

Schlage 5 M mit Stricknadel 5,5 mm in der Farbe Kakao an.
R 1: Alle M re.
R 2: Abwechselnd [1 M re, 1 M verdoppeln] bis zur letzten M, 1 M re (= 7 M).
R 3–5: All M re.
R 6: Abwechselnd [1 M re, 2 M re zus] bis zur letzten M, 1 M re (= 5 M).
R 7: Alle M re.
Kette alle M ab. Kürze den Faden auf 30 cm. Fädele das Ende in die Wollnadel. Nähe die Nase im Vorstich an den Körper. In meiner Abbildung habe ich ein andersfarbiges Garn verwendet, damit du es besser erkennen kannst. Vernähe den Faden.

Ohr

Stricke 2 Stück.
Schlage 10 M mit Stricknadel 5 mm in der Farbe Orange an.
R 1–3: Glatt re, beginne mit einer R li M.
R 4: 1 M re, immer 2 M re zus bis zur letzten M, 1 M re (= 6 M).
R 5–7: glatt re
Kürze den Faden auf 15 cm. Fädele das Ende in die Wollnadel und nimm nachein-

ander die M von der Stricknadel. Zieh den Faden fest an, bis sich das Loch schließt. Nähe die beiden Seitenränder im Matratzenstich zusammen. Verknote beide Fäden doppelt miteinander. Nähe das Ohr an den Kopf. Vernähe die Fäden.

Nähe den Kopf an den Körper.

Schwanz

Schlage 6 M mit Stricknadel 5 mm in Farbe Orange an.
R 1–3: Glatt re, beginne mit einer R li M.
R 4: 1 M re, 1 M verdoppeln, alle M re bis noch 2 M übrig sind, 1 M verdoppeln, 1 M re (= 8 M).
R 5: Alle M li.
R 6: 1 M re, 1 M verdoppeln, alle M re bis noch 2 M übrig sind, 1 M verdoppeln, 1 M re (= 10 M).
R 7: Alle M li.
R 8: 1 M re, 1 M verdoppeln, alle M re bis noch 2 M übrig sind, 1 M verdoppeln, 1 M re (= 12 M).
R 9–15: Glatt re.
Wechsle zu Farbe Weiß.
R 16: 1 M re, 2 M re zus, alle M re bis noch 3 M übrig sind, 2 M re zus, 1 M re (= 10 M).
R 17: Alle M li.
R 18: 1 M re, 2 M re zus, alle M re bis noch 3 M übrig sind, 2 M re zus, 1 M re (= 8 M).
R 19: Alle M li.
R 20: 1 M re, 2 M re zus, alle M re bis noch 3 M übrig sind, 2 M re zus, 1 M re (= 6 M).
R 21: Alle M li.
R 22: 1 M re, immer 2 M re zus bis zur letzten M, 1 M re (= 4 M).
R 23: Alle M li.

Kürze den Faden auf 40 cm. Fädele das Ende in die Wollnadel und nimm nacheinander die M von der Stricknadel. Zieh den Faden fest an, bis sich das Loch schließt. Nähe die Seitenränder im Matratzenstich zusammen. Stopfe den Schwanz mit Füllwatte aus.

Verknote am Ende beide Fäden miteinander. Stecke den weißen Faden in deine Arbeit. Nähe mit dem orangenen Faden den Schwanz an den Körper. Vernähe die Fäden. Sticke die Augenbrauen mit einem 30 cm langem schwarzen Garnrest auf.

Bauchtasche

Maße: Tasche 20 x 12 cm, Bandlänge: 70 cm | Schwierigkeitsgrad: fortgeschritte

Hände frei und doch alles dabei? Das klappt hervorragend mit dieser selbstgemachten Bauchtasche. Und schick sieht sie noch dazu auch aus!

Du brauchst:

- 200 g Lana Grossa The Tube, Fb.2 Crème (60% Baumwolle, 40% Nylon, LL 200 g/114 m)
- 1 Rundstricknadel 6,5 mm, 40 cm
- Reißverschluss in Neongrün, 6 mm, nicht teilbar, 20 cm
- Nähnadel
- Nähgarn, Fb 802 in Wollweiß von Gütermann
- Satinband in Neongrün, 3 mm
- Stoffklammern/Stecknadeln
- Maschenmarkierer

Muster: Kraus re

So wird's gemacht:

Die Länge für den Anfangsfaden beträgt 5 Nadellängen. Schlage 59 M mit der Rundstricknadel 6,5 mm an.
Stricke re M, bis deine Arbeit 9 cm lang ist.

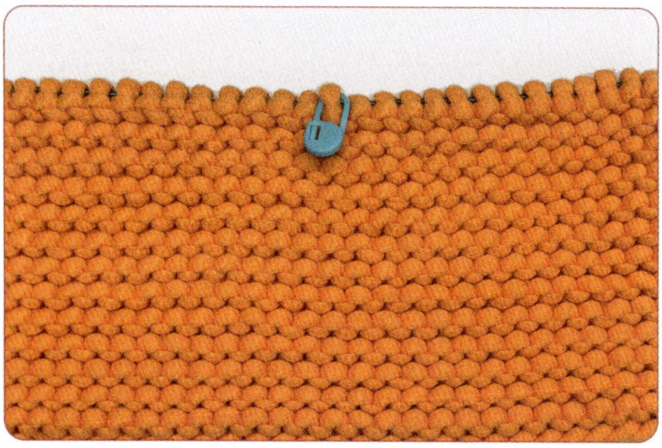

Markiere die mittelste Masche mit einem Maschenmarkierer.

R 1: 1 M re, 2 M re zus, alle M re bis 2 M vor der markierten M, 2 M re zus, 1 M re, 2 M re zus, alle M re bis 3 M übrig sind, 2 M re zus, 1 M re (= 55 M).

R 2: Alle M re.
R 3: 1 M re, 2 M re zus, alle M re bis 2 M vor der markierten M, 2 M re zus, 1 M re, 2 M re zus, alle M re bis 3 M übrig sind, 2 M re zus, 1 M re (= 51 M).
R 4: Alle M re.
R 5: 1 M re, 2 M re zus, alle M re bis 2 M vor der markierten M, 2 M re zus, 1 M re, 2 M re zus, alle M re bis 3 M übrig sind, 2 M re zus, 1 M re (= 47 M).
Kette alle M ab.
Kürze den Faden auf 20 cm.
Klappe deine Tasche so um, dass die Seitenränder aneinanderliegen.
Die Vorderseite schaut zu dir.

Fädele den Anfangsfaden in die Wollnadel, nähe die Seitenränder zusammen. Nähe danach die Abkettkanten aneinander und vernähe die Fäden.

Fixiere den Reißverschluss mit Stoffklammern oder Stecknadeln am offenen Rand der Tasche.
Nähe den Reißverschluss im Vorstich (siehe Seite 23) mit Nähgarn entlang der Anschlagkante an.

Stich dafür von innen nach außen erst durch den Reißverschluss und dann durch die erste M der Anschlagkante.

Stich nun von außen nach innen erst durch die nächste M der Anschlagkante, dann durch den Reißverschluss.
Wiederhole diese beiden Schritte bis zum Ende der ersten Taschenseite.
Danach nähst du die zweite Hälfte des Reißverschlusses auf die andere Taschenseite.

Band

Beim Band werden die erste und letzte M in jeder R als Kettrand gearbeitet. Diese beiden M sind die Randmaschen = RM.

Die erste M in jeder R wird so gestrickt: Stich mir der re Nadel in den hinteren Teil der M ein. Führe den Faden von vorn nach hinten über die rechte Nadel, hole ihn durch die Schlinge und nimm die M von der linken Nadel.

In die letzte M der R stichst du mit der rechten Nadel so ein, als wolltest du sie links stricken und hebst sie von der linken Nadel. Der Faden liegt vor der Arbeit.

Schlage 10 M mit Stricknadel 6,5 mm an.
R 1: Alle M re.
R 2: RM, re M, bis noch 3 M übrig sind, 2 M re zus, RM (= 9 M).
R 3–5: Alle M re.
R 6: RM, re M, bis noch 3 M übrig sind, 2 M re zus, RM (= 8 M).
R 7: Alle M re.
R 8: RM, re M, bis noch 3 M übrig sind, 2 M re zus, RM (= 7 M).
R 9: Alle M re.
R 10: RM, re M, bis noch 3 M übrig sind, 2 M re zus, RM (= 6 M).
R 11–189: Kraus re, bis dein Strickstück 60 cm misst.
R 190: RM, re M, bis noch 2 M übrig sind, 1 M verdoppeln, RM (= 7 M).
R 191: Alle M re.
R 192: RM, re M, bis noch 2 M übrig sind, 1 M verdoppeln, RM (= 8 M).
R 193: Alle M re.
R 194: RM, re M, bis noch 2 M übrig sind, 1 M verdoppeln, RM (= 9 M).
R 195- 197: Alle M re.
R 198: RM, re M, bis noch 2 M übrig sind, 1 M verdoppeln, RM (= 10 M).
R 199: Alle M re.
Kette alle M ab.

Kürze den Faden auf 50 cm. Fädele das Ende in die Wollnadel und nähe das Band seitlich an die Tasche. Stich dabei zuerst von unten durch den Maschenbogen der Tasche und von hinten durch den der Abkettkante.

Stich nun in den nächsten Maschenbogen der Abkettkante von vorn und durch den nächsten der Tasche wieder von unten ein.

Ziehe den Faden fest.

Wiederhole diese beiden Schritte, bis du alle Maschen der Abkettkante mit der Tasche verbunden hast. Danach nähst du die andere Seite des Bandes mit dem Anfangsfaden an die Tasche.
Vernähe die Fäden.

Uhr

Maße: Ø 26 cm | Schwierigkeitsgrad: fortgeschritten

Du bist häufiger mal spät dran? Mit dieser Uhr passiert dir das garantiert nicht mehr! Sie ist ein echter Hingucker in deinem Zimmer.

Du brauchst:

- je 100 g Lana Grossa The Tube Fine, Fb.112 Petrol, Fb.105 Orange (68% Baumwolle, 32% Polyamid, LL 100 g/140 m)
- 1 Rundstricknadel 6 mm
- Wanduhr-Set, 25 cm
- Maschenmarkierer

Muster: Glatt re

So wird's gemacht:

Schlage 27 M mit Rundstricknadel 6 mm in der Farbe Petrol an.
R 1: Alle M li.
R 2: 1 M re, 1 M verdoppeln, re M bis zur vorletzten M, 1 M verdoppeln, 1 M re (= 29 M).
Stricke diese beiden Reihen abwechselnd, bis du 43 M auf deiner Nadel hast.
Dann geht es wie folgt weiter:
R 1–5: Glatt re.
R 6: 1 M re, 1 M verdoppeln, re M bis zur vorletzten M, 1 M verdoppeln, 1 M re (= 45 M).
Wiederhole diese 6 R, bis du 49 M auf deiner Nadel hast. Stricke erneut 5 R glatt rechts.

Markiere dir die mittelste M mit einem Maschenmarkierer. Wechsle zu Farbe Orange. Stricke in der nächsten Reihe folgendermaßen: Re M bis zur Markierung, 1 Umschlag (leg dafür den Faden von vorn nach hinten über die rechte Stricknadel), 2 M re zus, re M bis zum Ende der R.

R 1–5: Glatt rechts. Stricke in der ersten R auch den Umschlag li.
R 6: 1 M re, 2 M re zus, re M, bis noch 3 M übrig sind, 2 M re zus, 1 M re.
Wiederhole diese 6 R, bis du 43 M auf deiner Nadel hast.

Stricke folgendermaßen weiter:
R 1: Alle M li.
R 2: 1 M re, 2 M re zus, re M, bis noch 3 M übrig sind, 2 M re zus, 1 M re.
Wiederhole diese beiden R, bis du noch 27 M auf deiner Nadel hast.
Stricke noch eine R li M.
Kette alle M ab.

Kürze den Faden auf 80 cm. Fädele das Ende in die Wollnadel. Dreh dein Strickstück so, dass die Vorderseite zu dir schaut.

Nimm am Rand rund um deine Arbeit in gleichmäßigen Abständen Maschenbögen auf.

Leg die Uhr ein. Zieh vorsichtig am Faden, damit sich deine Arbeit um die Uhr legt.

Führe den Faden bis zum Anfangsfaden. Verknote beide miteinander und kürze die Enden. Bringe Uhrwerk und Zeiger nach der Beschreibung des Uhren-Sets an.

Sticke mit je einem 20 cm langen Faden in Petrol und Orange zwei Striche für die „3" und die „9" des Ziffernblattes auf.

Danke

Ganz besonders bedanken möchte ich mich unbedingt noch bei allen Kids aus meinen Strickkursen. Danke fürs Probestricken, Namenaussuchen, Modelstehen und Mitfiebern!

Ihr seid Spitze!

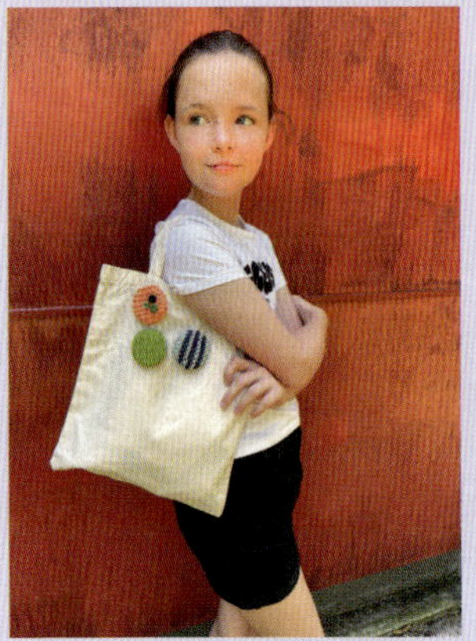

Über die Autorin

Stricken gelernt hat Anja Waßermann als Kind von ihrer Oma. So richtig für sich entdeckt hat sie es allerdings erst im Erwachsenenalter. Ihre große Liebe zum Stricken möchte sie unbedingt mit anderen teilen, und ganz besonders Kindern zeigen, wie großartig Selbermachen sein kann. Als Strippenzieherin ist sie seit 2017 mit ihren Strickkursen in Berlin unterwegs.

Impressum

Fotos & Styling: Anja Waßermann
Projektmanagement: Maria Möllenkamp
Lektorat: Wiebke Gröbel-Uhlig
Korrektorat: Brigitte Schnock
Umschlaggestaltung: Dominik Günzinger
Satz: Kim Aichholz, studio zitrone
Repro: LUDWIG:media
Herstellung: Julia Hegele

Printed in Poland by CGS Printing

★★★★★

Sind Sie mit diesem Titel zufrieden? Dann würden wir uns über Ihre Weiterempfehlung freuen. Erzählen Sie es im Freundeskreis, berichten Sie Ihrem Buchhändler oder bewerten Sie bei Onlinekauf. Und wenn Sie Kritik, Korrekturen, Aktualisierungen haben, freuen wir uns über Ihre Nachricht an: Christian Verlag, Postfach 40 02 09, D-80702 München oder per E-Mail an lektorat@verlagshaus.de.

Infanteriestraße 11a
80797 München

ISBN: 978-3-8411-0306-2

Herstellerverzeichnis
Schulana GmbH & Co. KG, www.schulana.de
Rayher Hobby GmbH, rayher.com
Myboshi GmbH, https://www.myboshi.net
LANA GROSSA Mode mit Wolle Handels- und Vertriebs GmbH, https://www.lana-grossa.de
Schachenmayr, MEZ Crafts Group GmbH, https://schachenmayr.com/de
Herzlichen Dank für die Bereitstellung der Materialien!

Die Deutsche Nationalbibliothek verzeichnet diese Publikation in der Deutschen Nationalbibliografie; detaillierte bibliografische Daten sind im Internet über www.dnb.de abrufbar.

Unser komplettes Programm finden Sie unter

www.christophorus-verlag.de

Kreativ-Service

Sie haben Fragen zu den Büchern und Materialien? Frau Erika Noll ist für Sie da und berät Sie rund um alle Kreativthemen. Rufen Sie an! Wir interessieren uns auch für Ihre eigenen Ideen und Anregungen. Sie erreichen Frau Noll per E-Mail: kreativ-service@c-verlag.de oder Tel.: +49 (0) 89 130699577

Besuchen Sie uns im Internet: www.christophorus-verlag.de & www.selbstgemacht.de